放下現在的壞事

別讓
現在的壞事
趕走
未來的好事

艾爾文——著

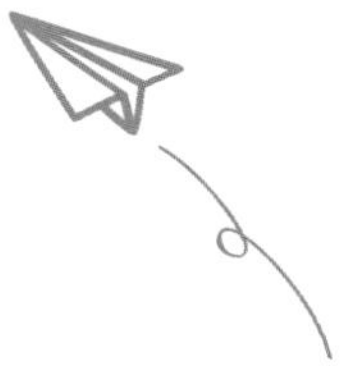

CONTENTS

楔子

過得好，是因為你讓自己看見了美好 011

CHAPTER 1

談自信 做自己，喜歡的自己

一切，都會好起來的 018

學會給自己最溫暖的支持，而不是忘了對自己好，因為人生很多的不開心，都是從你放任別人消耗自己開始。

不要費盡所有力氣，卻是成為討厭的自己 026

人可以付出的精力有限，那些重要的事，那些應該去愛的人，才是我們來到這世界該關心的事。

你變好了，你的世界就會跟著變好 030

練習照顧好自己，因為過得好，是給自己最大的禮物。

擔心表示你在乎，但別因此擔起太多的沉重 036

有時，我們的心裡會突然變很窄，窄到被壞事給塞滿，自己走不出去，別人也拉不出來。但記得，唯有把壞事先清出去，好事才會走進來。

CHAPTER 2

談人生

我們都用跌跌撞撞學會，往前走的路該如何選擇

現在不嘗試，也許就再也沒機會了 104
考驗的不是遇到失敗，而是對抗失敗；漫長的不是碰到艱難，而是走過煎熬。勇於嘗試，你會發現事情原比想像的還簡單。

人生長短不是看你活多久，而是看你如何去活 108
趁還有好奇心時，去看看未曾見過的世界；趁還有勇氣時，去實現不會後悔的旅程；趁還有夢想時，盡力活出最美好的自己。

常想年老，才是活得更年輕 114
人會老，不是心態真的變老，而是因為再也提不起勁，去做年輕時想做的事。

CHAPTER 3

談成長 前進，是為了更好

別花上一輩子的時間，重複過著同一天的生活 122
並非事情要有結果才值得去做，能在自己想要的路上堅持就是種成功。

你以為的困難，正是讓你邁向成功的摩擦力 126
生活雖然會讓人忙到忘了怎麼過生活，但它也能帶你走向美好的日子。不要放棄成為更好的自己，一定要跟未來的你這樣約定。

CHAPTER 4

談堅持　你的努力，正在幫你收集幸運

CHAPTER 5

談相處 那些藏在人與人之間的微妙

美好人生不是計較出來的，而是計畫出來的 226

覺得誰比誰好，計較誰應該比誰擁有更多，都是種過於擔心的匱乏。與其煩惱現在缺少的，不如計畫實現真正想要的。

朋友，新的會來，舊的也不會真的離去 230

朋友，不必多，那些在自己好與不好時，都陪在身邊的就夠了。

懂你的人，不用多說；不懂你的，多說無益 236

在成人的世界裡，不是每句話、每個善意都能被接受，學會看透卻不說透，並非選擇不出聲，而是把話留在心裡，把事實留給時間。

別因為他人的一句話，就被奪走一天的好心情 240

不要因為批評你的一句話就難過一整天，否則人生大半輩子，可能都要在煩惱中度過。

只有你能決定自己的內心有多平靜 244

無論你用心去成為什麼樣的人，都會有人希望你不要變成那樣。學會做喜歡的自己，因為你值得那樣開心的活。

楔子

過得好，是因為你讓自己看見了美好

「如果當時做了不同的選擇，是否一切就能比現在還好？」

曾經有好長一段時間，我經常用這句話否定自己，就算做著看似穩定的上班族工作，仍埋怨自己為何過得不快樂，無法擁有想要的生活，常常陷入後悔的情緒裡。已經分不清是工作的壓力累積，還是對未來的迷茫與困惑，早上總是沒有動力起床，晚上總是捨不得離開沙發。白天做著重複的工作、收拾一再出現的老問題，夜晚則拖著疲累的身軀、沿著空蕩的路騎車回家。日子對我來說有如踏上懸浮的單車車輪，明明很拚命的踩著，卻感覺仍停留在原地。

在當時，我縱容自己有很多後悔的念頭，我怪自己沒有選擇另一條路，沒有勇氣嘗試另一種作法；後悔沒有對某個人說些什麼，沒有在機會來時付出全力；難過沒有在應該站出來時為自己多做解釋，沒有在面對選擇時誠實聽取自己的聲音。

那段時間，我雖然還不至於對人生絕望，卻有種感覺接下來的生活也很難喜歡，似乎注定要做著一份自己無法開心的工作到老，無奈過著提不起勁的生活。有好幾個早晨，我想放一個長假讓自己沉澱，卻又找不到足夠的勇氣離開；有好幾個夜晚，我已萌生離職的打算，卻又無法下決心付出行動。

要不是那天發生的意外，衝擊到我已漸漸失去熱情的工作，迫使我從不同角度看待接下來的人生，或許直到現在，我依舊活在後悔之中。

在我準備說發生的那件意外之前，想先跟你聊一聊這件事：在你的生活裡，是否也曾因為某些壞事，被迫在原本規畫的人生中停了下來，卻在之後忘了要繼續前進，錯過一些可能的美好？

也許是聽到別人帶有惡意的一句話而難過好久，化解不了朋友間因誤會而生的衝突，糾結在無端被牽扯進去的麻煩，面對家人對你某些行為的不諒解。又或者，你不再像過去那麼有活力，莫名失去探索人生的熱忱，懷疑當初為什麼要選擇眼前這條路，在目前的工作中找不到應該積極的理由，反覆思考著，如果可以重來一次是否會比現在還好？

於是，這些煩惱所引起的負面情緒，開始趁你不注意時，進一步霸占整顆心。

通常，這些心上的陰霾只要不理會，過幾天就會散去，但是，有些事情卻會一直卡在心中過不去，漸漸潛藏在心裡深處，一旦爆發就來不及阻止它們肆虐心情，只能眼睜睜看著它們擴散，影響到接下來的每一天。

其實，處在低潮時，很少有人可以馬上走出來，反而是愈盡力掙脫陷得愈深，期間不管是強顏歡笑，或試圖用正面心態強壓過去都不見得有幫助，倒不如趁機跟自己好好對話，平靜的等待風暴過去。

如同改變我人生的那件事，發生時讓我極度沮喪，彷彿我正漂泊在海上，卻遇到再也抹不去的黑夜，望著天空卻看不見未來的方向在哪裡。最後，我就是靜靜的等它過去，才有機會重新找回喜歡自己的力氣。此刻，我走過來了，相信你也可以。

如果你認識我，曾經讀過我寫的文章，應該會注意到過去我寫的主題大多跟理財有關。提到理財，有些人腦中會浮現一板一眼的數字，還有需要理性的邏輯分析，我在網路上留給許多人的印象確實是如此。然而私底下的我，其實比許多人想的都還感性，是個看到大海會讚嘆，遇到微風會閉上眼，望著夕陽會產生思念，看到流星會無比興奮的人，每每在秋天季節時會忍不住惆悵，有時心思細膩到反而困住自己。

只是也因此，我特別容易聽懂別人的故事與背後想闡述的心聲，特別會留意自己對某件事的想法，以此做為成長的種子，給自己變更好的動力。如今，我想透過這本書來告訴你那些體會。

約莫在二〇一四年年底，我開始在每個星期日晚上八點五十五分分享理財以外的文章，大多是心情上對生活的感觸，有些是對於人生的看法，放在網路上陪著大家走進深夜，希望能以存有溫度、正面力量的文字，解開一點現實帶來的無奈，期許大家能撥開焦慮，找回前進的力量，以更好的自己迎接明天。

起初會想寫這些文章，是因為我收到許多來信詢問有關人生抉擇的問題。有關如何選擇工作，如何緩衝跟伴侶之間的緊張，如何在職場中與同事相處，如何對自己有信心，做一個自己也會喜歡的人。

從那些信件中，我看見許多過去我也有的徬徨，抱著可以分擔心情的想法，我試著以朋友的角度分享愈來愈多這類的文章。一路寫下來，我得到很多讀者的回饋與鼓勵，之中所產生的共鳴，更是反過來支持著我繼續往想要的未來前進，就像我現在也想用這本書支持著你一樣。

經由此書，我想告訴你，不要把今天的壞運當作人生的命運，因為壞運通常只是一時的，但你一直被它掌管，那就會是一輩子的。可以肯定的是，只要不被打倒，壞事終究會是個過期品。只要你還在，早晚它會結束；只要繼續往前，它就會離你愈來愈遠，最終留下更美好的事，等著你去追尋。

就像那天發生在我身上的意外一樣，命運給了我一道難解的問題，卻也給了我一把開啟美好人生的鑰匙。至於我發生的事情，請讓我從當天一早開始說起……

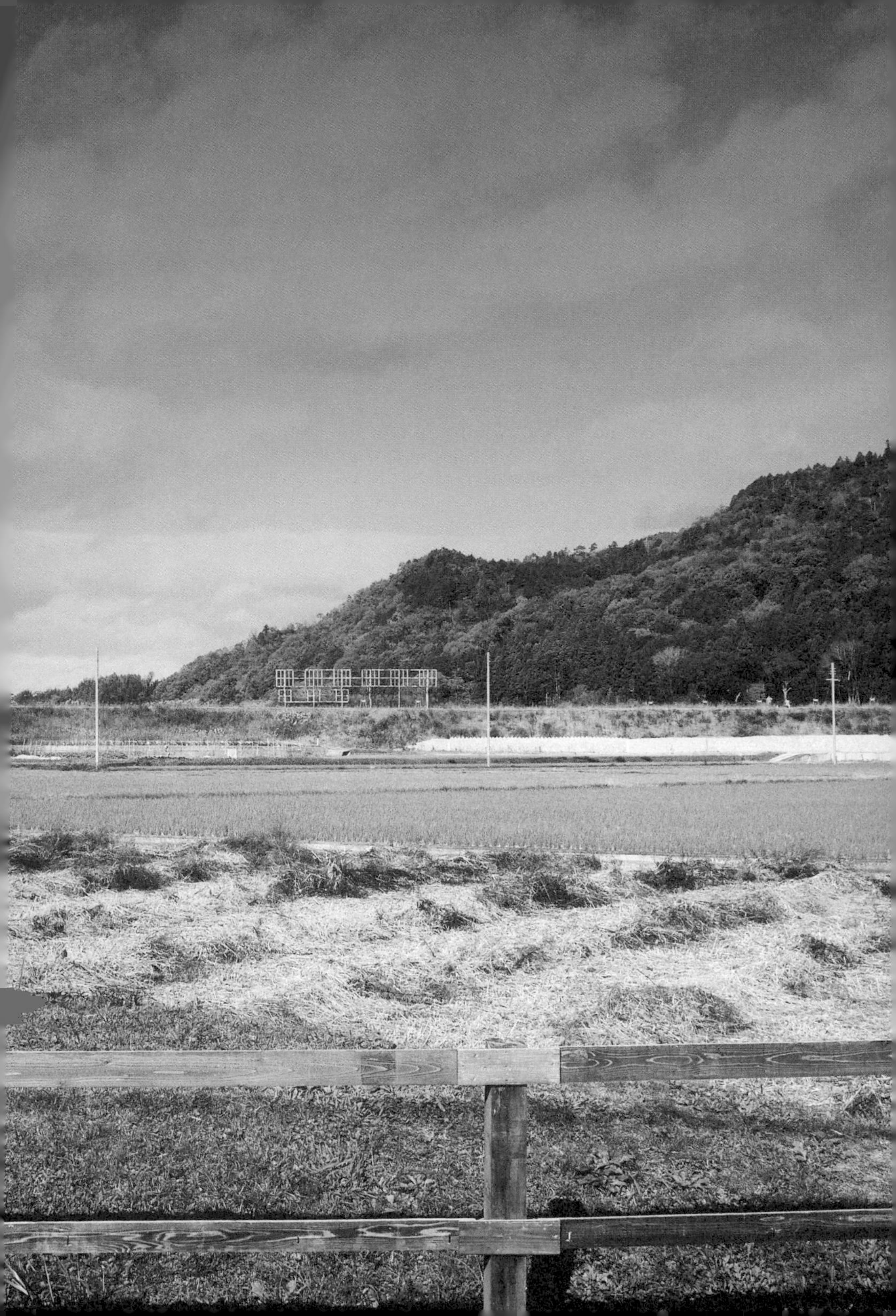

CHAPTER 1

談自信

做自己，喜歡的自己

一切，都會好起來的

艾・語錄

累的時候就休息；
煩惱的時候就讀本書；
慌張的時候就深呼吸；
難過的時候就拍拍自己說：「這一切都會過去的。」
我們很常忘了，其實應該給自己最溫暖的支持。
不要忽略照顧好自己的重要性，
人生很多的不開心，
都是從你放任別人消耗自己開始。

我的右眼曾發生複視，而且隨時可能復發。如果你不曾聽過複視，可以把它想像成非常嚴重的散光，眼前每個物體都會有兩個影像，一個是實體，另一個則是殘影。困擾的是，殘影又相當明顯，等於我的世界變成一個萬花筒，眼前的影像都混在一起。

複視，形成的原因之一是腦神經麻痺，少了那條神經的牽引，我右眼肌肉也失去力量，導致雙眼對焦出問題。不過這個名詞是我憑著當時醫生口述而記住的稱呼，至今我仍然不願深入了解它在醫學上真正的病名，原因是那天的回憶過於沉重，令人不想面對。

那是我在離開上班職場的前一年，當天早起準備趕到公司，憑藉著慣性本能走進浴室、刷完牙，接著就拎著電腦包下樓梯。走樓梯時我只覺得當天特別疲累，視線好像比平時還模糊，不過歸咎於工作的疲勞累積也就沒想太多，直到我騎上機車、回轉到對向車道準備催油門時，才發現眼前的世界跟我記憶中不同。

原本應該是一條的道路中央分隔線變成兩條；樓下的便利商店招牌也變成

兩個，前方影像虛虛實實交疊著。還來不及回神，一輛行進中的車子就直接往我這邊衝過來！又在快撞到我時像幻覺般穿透了我。好在，它也只是一輛汽車的殘影。

那一瞬間我嚇出冷汗，先是呆住，接著驚醒，心裡納悶：「我的世界怎麼變了個樣？」惶恐之餘，只好趕緊折返，準備跟主管請假去檢查。不過因為眼前的事物都已混在一起，所以只能小心翼翼的牽著機車走回住處，然後再到附近診所問個清楚。

「應該只是太累了吧？休息一下就好。」前往門診的路上我不斷的安慰自己。如同小時候媽媽常警告我電視看太久會燒掉，所以我想應該也只是這陣子工作太累，在眼睛燒掉之前給我的警訊。

抵達診所前，我都還不確定是我的眼睛出了問題，直到醫生看了我的情況。

「嗯，你這應該是複視，是右眼的問題。不過為了確定病因，我把你轉診到醫院去，如果需要做腦部檢查也比較方便。」

「轉診？腦部檢查？」一股不曾有過的焦慮感從心底開始擴散，也因為整件事來得太突然，當下我只有附和醫生而沒有問更多細節。現在回想起來，也可能是因為當時怕知道太多細節，所以不敢開口問。

轉診到醫院後，不同的醫生用著相同的方法檢查我兩眼功能，得到的答案都是右眼眼球無法向右看到底。診斷結果確定是複視了，確定我右眼失去正常功能，難過的是，無法確定造成的原因，而且因為是突發性複視，醫生也只先開了消炎藥跟維他命給我。

不放心，也可能是不死心，過沒幾天我跑去最大型的醫院檢查，也安排做腦部斷層掃描，雖然腦部沒有異狀，但造成複視的原因還是無從查起。醫生告知以經驗來說，需要等六個月才能進一步診察，然而如果六個月後還是有複視的現象，就要有一輩子都會這樣的打算。

一輩子就會這樣，老天呀，我當時才二十八歲。

很多時候，當你知道最壞情況時，還可以有個心理準備，但如果事情的結果是懸在那裡時，心中反而不知道該怎麼辦。而我擔心的正是如此，不知道我的右眼何時會好，或者是根本不會好。

跟公司請完長假後，我開始在家過著每天都重複的生活。一早睡醒睜開眼睛，就是先確認我的世界是否恢復正常，接著就躺在床上打開電視，希望吵鬧的電視聲能蓋過內心的焦慮。雖然我企圖說服自己這情況就像是一場感冒，也希望它真的就只是感冒，再過幾天就會痊癒，然而隨著一天又一天過去，眼前的事物依舊混在一起，我開始擔心是不是一輩子真的就只能這樣。

那陣子我每天都活在恐懼之中，還一度抗拒那樣的世界，甚至閃過放棄自己的念頭。我心想：「如果接下來的人生只能這樣，我想就安靜的當個被遺忘的人吧。」

只不過也許那時真的太悶，悶到我覺得太無聊，白天沒什麼活動也導致夜晚難以入睡。因此我當時做了一件現在想起來都有點佩服的事：我開始重新選擇「過活」，我找來一塊布斜繞在額頭上，試著將自己的右眼遮住，然後拿起書來閱讀。

如今回想，好在當時我還有左眼能正常看東西。

此外，我不再只是消極的躺在床上，而是每天下午改在房間做伸展操及運動，需要用餐時就照常外出。簡單說，我開始假裝一切都沒事，就當作難得假期在家休息。差別在於行動速度變慢而已，反正我在家有的是時間。重要的是，我選擇減少焦慮，開始跟自己說：**「這一切，都會好起來的。」**

雖然理性的我知道，右眼在生理上並不會因為安慰自己就恢復健康，但是，當我勇敢的跟自己說一切都會變好時，心裡也變得平靜許多，會開始注意周遭能讓自己變開心的事情。我漸漸相信，即使我的行動、生活習慣會跟以前不同，我還是可以決定自己每天的心情；我可以選擇開心的過一天，用期待的心情上床入睡，而不是只能帶著恐懼入眠。

就是從那天開始，我盡量讓自己正常的生活，早上起來還是會確認右眼恢復情況，但我不再用「毫無進展」的負面心態開啟我的一天。我相信，只要我願意讓自己好起來，我就真的會好起來。除了繼續閱讀與運動，我也嘗試上網去了解跟複視有關的訊息，也因此找到愈來愈多對應的方法。

「原來複視可以透過鏡片矯正的！」

「就像是斜視的手術，複視經過治療也有機會恢復正常。」

也因為我採取更多的行動，我心中原先設想的最壞情況開始變得樂觀，知道就算不動手術，透過特殊鏡片還是有機會矯正視力，我心中的迷茫也開始減輕。隨著焦慮感愈來愈少，我也重新找回對未來的期待。

這是我人生中很重要的一段經歷，我也慶幸一個月過後，我的右眼功能就恢復正常，我的世界重新回到熟悉的樣子。不同以往的是，我開始相信為自己打氣的力量。直到現在，只要我遇到當下覺得很難克服的事情，這段人生經驗都能幫我找回動力。

人都會低潮，天底下最能肯定的事，就是這世界無法隨心所欲。低潮，也許是為某件不應該失敗的事沮喪，為某人的離去而不開心，為某人在背後說的壞話而受苦，為某件你覺得無法克服的事情而難過，這些都有可能會發生，但關鍵在於你有沒有跟自己說：「一切都會好起來的。」

相信自己，一直是人最大的力量來源。當你相信自己會變好，那一刻就真的開始變好。很多時候我們確實需要別人的安慰與幫助，但更多時候，你需要的是學會照顧好自己，然後站起來，繼續前進。

或許，前方還是有很多難以克服的事情，但你知道只要願意給自己力量，這一切，都會好起來的。

一切都會慢慢好起來的。

不要費盡所有力氣，卻是成為討厭的自己

艾・語錄

別花時間去喜歡討厭你的人，
他們不會因為你的努力，就停止消耗你；
卻會因為你的難過，增加他們所施的力。
希望你也相信，人一生所能付出的精力都是有限的，
那些重要的事，那些應該去愛的人，那些等著完成的夢想，
才是我們來到這世界該做的事。

用心聽自己的聲音，
別讓只想打擊你的人來告訴你該怎麼前進。
記下每一次成長的感受，享受每一次突然的感動，
好好愛自己，然後朝著會讓你變更好的方向，
勇敢前進。

過去，我總是認為只要有心，每個人都可以成為心中想做的另一個自己；內向的人只要多跟外向的人相處，個性也可以變得很開放；想法消極、悲觀的人多跟積極、樂觀的人在一起，心態也會變得更正向。

只是，**有時強迫自己去像一個人，反而讓自己什麼都不像**。

後來體會到了，所謂的樂觀與悲觀，好或不好，都是這個世界比較出來的結果。日子過得快不快樂，其實只有自己才知道。比較樂觀的人也不是沒有負面的時候，只是他們習慣用快樂的表象來掩蓋；較於悲觀的人也沒有哪裡不好，去看看樂觀的人有多少次拿石頭砸自己的腳就知道。我想，不論樂觀還是悲觀，練習看見自己的優點，然後學會在跌倒時用舒服的方式爬起來，才能帶給自己更多力量前進。

多數時候，當你強迫自己去成為不熟悉的人時，持續的時間並不會太久。因為怪自己太內向而去接近外向的人，往往在回到家時反倒鬆了一口氣；本來想法就偏保守的人，在盡力塞進樂觀思維後反而產生更多煩惱。此時，**與其不認同原本的自己，倒不如認識眞實的自己，接納自身的個性，傾聽自己的聲**

音。每個人身上都有優點跟缺點，不需要把缺點放得特別大，也不應該把優點看得太渺小。試著喜歡自己現在的個性，以從容自在的樣子過生活比較開心。

不同的環境，與不同的人相處，自然會讓人選擇用不同的那一面回應。與學生時代朋友聚會，通常會跟在公司時是完全不同的人；在父母面前當慣小孩了，也跟在社會裡當大人的樣貌不同。這並不是虛假，想以變色龍的姿態博取旁人的信任，一切只是習慣而已，不同的時光釀出不一樣的回憶，呈現出的個性也就不一樣。只要不是刻意偽裝去騙取別人，以適合的面貌活在不同環境裡是很正常的事。

難免，我們會需要用不習慣的那一面去配合這世界，以不自在的方式努力生活，但千萬不要因此變成自己也討厭的人。人一生會遇到各式各樣的人；會遇到想要與你相處久一點的人，也會遇到處處想要挑釁你的人。有些人會為你帶來更多的快樂，有些人則會帶給你更多的困擾。你可以盡力在別人面前做到最好，但絕不要認為你有辦法迎合每一個人。

若只是在意別人的想法而去改變自己，無論如何你也難因此感到開心。成功取悅對方，你就要繼續帶著那張面具跟對方相處，某天想要做回自己時還可能被說成是自私；一旦沒成功取悅對方，你也容易怪自己是不是哪裡沒做好，對方的不領情也讓人更傷心。

別如此努力的強迫自己，卻是成為自己也討厭的人。改變，是需要費一番心力，但那不是為了取信某個人，也不是為了討周圍的人歡心，更不是為了讓別人看得起你，一切都應該是為了你自己。努力去成為自己會喜歡成為的人，你才會喜歡周圍的一切，然後開心活在美好的當下，由衷期待更好的明天。

你變好了，你的世界就會跟著變好

艾・語錄

學會照顧好自己，因為過得好，是給自己最大的禮物。
有時間就多運動，
畢竟失去身體的控制權，你什麼都不能做。
有空檔就多閱讀，
這個世界很美好，但需要你的獨有想法去認識它。
有見面就多微笑，
你有能力給別人力量，更可以為自己帶來好心情。

也許這些事並非轉眼間就能辦到，因此才需要多練習；
練習把明天變成更好的今天，
練習把未來的自己，
變成你也欣賞的自己。

我有個朋友，個性算是中規中矩，學生時期功課不錯，進入社會後也找到能穩定發展的工作，優秀的專業表現更是成為主管眼中值得期待的員工，但他內心一直有個煩惱：從來沒有談過正式的戀愛；並非不想談，而是沒得談。

不能說他木訥，因為在跟男性朋友聚會時，雖然沒有到全場最幽默，但偶爾插個笑話哏也可以讓大家笑翻。偏偏，當現場有女性朋友或與女生私下獨處，他說話的內容與聲調就變得不一樣，看上去簡直就是不同的人。

聽得出來是緊張，但好像也總是找不到話題。

「家中成員只有媽媽是女性，而且讀的學校不是男女分班，就是男生占九成的工科。」朋友帶點無奈的說。

因為跟女生講話會不自覺謹慎，所以從小到大雖然陸續認識幾個女生，卻沒一個有牽手的機會，與她們約會的紀錄最長也就一個星期。大學時期甚至為了追求別校女大生，每隔幾天就要騎上三小時的機車，只為了接送她去學校附近的補習班，然後再半夜獨自吹著冷風回到住處，持續一陣子後有天卻接到女生來電說以後不用載她了，因為她男朋友可以載她去。工作時為了留給心儀女同事好印象，甘願在主管面前承擔不屬於他的過錯，只為了證明他是個可以依靠的男生，最後只收集到好幾次的下午茶。到後來他的心態甚至變成，只要有一點點的交往機會，要他做什麼都可以。想當然，太積極反而嚇到人家，因此一直沒有好的回應。

不過這都是幾年前的故事了。最近一次見到這位朋友，才發現他已經是完全不一樣的人。與女友即將步入禮堂，而且聽說對方還曾經擔心他被其他女生搶走，因為愛慕他的人很多。

完全跟我印象中的那個他不一樣，見到面之後也能明顯感受出來。聊天的話題變多，不再只是分享公司與網路上看到的趣事；他滔滔不絕的分享這幾年去了哪幾個國家玩，培養出什麼不一樣的興趣，同時間還會固定上健身房運動，經常報名慢跑團或自行車聚會，平時除忙於工作上的事情，下班跟假日過得更充實。

令我最好奇的是，他看起來跟以往完全不同，眼前的他非常開心。

「以前呀，我以為只要對別人好，遲早就會得到回報，或是出現欣賞我的女生，只是一直沒有結果，漸漸就覺得算了。後來我把生活重心改放在自己身上，開始看書、運動，到處去旅遊，還有品嘗各地美食。閒聊時就把出國有趣的經歷分享出來，因為是親身體驗，所以聊得很起勁，大家也很開心的聽我說。慢慢才發現，原來我也可以是個風趣的人。」記得當時他這樣跟我說。

也就是在那片刻，我聽出答案，而且簡單到不行。原來我朋友重新看待自己的生活，他先改變了自己，讓自己變好，周圍也就跟著變好，接著他的世界也就因此真的變好。

我還有個朋友，是屬於那種常把人生開關調撥到「上進模式」的人，認識他時就常聽他把「改變」兩個字掛在嘴邊，時常跟我分享看過哪些書，參加過哪些課程，學到了哪些調整心態的理論，每每都是以非常有活力的方式在跟人分享心得。

可惜的是，後來的結果幾乎都很像，過陣子就會看到他重新抱怨工作上的煩事，還有生活中遇到的不順，就好像一顆原本飽滿的氣球，擺一陣子就消下來。

我常納悶想著：「前陣子不是才很熱情的跟我分享嗎？怎麼又退回到原本的樣子？」

後來才知道，原來他真的很積極追求成長，也付出過不少行動，只是行動到一半不知不覺就沒力，如果那時剛好有人推薦什麼新的學習方法、演說課程，他就會一頭栽進去瘋狂學習，嚷著這次會不一樣，然後再抱著同樣的迷惘走出來。說實話，他的堅持我是佩服的，但也很擔心這股堅持沒有發揮更好的效率。

跟開頭那位朋友一樣，我這位朋友也是想要變好，也想要人生過得更幸福，最大的差別莫過於，他一直在追求的那個好，其實是別人跟他說的好，而不是自己想要的好。他花了時間與金錢到處學習別人如何成功，卻忘了花時間學習一樣事情，就是問問自己，到底想要的是什麼。

我們都知道，不管穿什麼鞋，合腳才是最大的重點；不管穿什麼褲子，舒服才會決定穿得多久。雖然這道理簡單，可是人生還是容易畫錯重點，誤以為表面的東西才是自己要的，接著匆匆跳進追求的世界，打算用青春證明選擇。

然後，幾個月過去了，你開始發現有些事跟你想得不一樣。然後，幾年又過去了，你發現還是活在同樣的糾結裡。

其實，不論處在什麼人生階段，我們都有機會改變自己，尋找會喜歡的那個人生。也許過程需要花時間，結果需要勇氣承擔，但很快你也會看到成長後的自己，帶著努力，展開新的生活。

重要的是，**你有多好，自己一定知道，但你必須用心把那個他找出來**。傾聽自己的聲音，多去接觸會讓自己感受到快樂的事，透過不同的視野來挖掘內心，而不是去追求別人認為你應該的樣子。

你有能力讓自己變得更好，不過要先確定自己也會喜歡那樣的好，你的世界才會漸漸充滿讓你開心的事。別輕易的被現實給淹沒，你的信心都還存在身體裡，只要你不是為別人努力，而是真心為自己要的未來前進，當下的一切，都將會是轉變的起點。

擔心表示你在乎，但別因此擔起太多的沉重

艾・語錄

有時候，我們的心會突然變得很窄，
窄到只被一件壞事給塞滿，
結果自己走不出去，別人也拉不出來。

如果現在你心中剛好有一件卡住的事，
希望這句話能給你更多的勇氣：
別讓現在的壞事，趕走了未來的好事。

人生就是如此，雖然會覺得太常遇到壞事，
但其實總會有件好事在某處等著；
直到你把壞事清出去，
好事才可能走進來。

如同天使與魔鬼，希望與擔心經常是如影隨形的朋友。

我們希望擁有更好的生活，卻又擔心失去現在穩定的生活；我們希望能做喜歡的工作，卻又擔心那份工作收入不夠；我們希望跟別人有進一步關係，卻又擔心太主動而推開對方。也許現在你的心中就有一件事正在讓你擔心，畢竟我們都很像，經常不自覺就把擔心帶在身邊、掛在心上，變成一種負擔。

國中時我非常迷籃球，總是希望可以在球場上表現更好。對於一個國中生來說，能在籃球場上稱霸將被當作偶像，同學都會爭相邀你組隊，人緣好得不得了。那時我經常利用下課時間跑去住家附近的球場練習投球，一練就是兩個小時也不累，常常投球投到附近居民都抗議了才回家。然而即使身高比當時周圍多數朋友高，在場上有天生的優勢，可是我卻對自己的運動能力完全沒自信，很希望能夠跳得再高一點、跑得再快一些。

為了達成願望，我跑去體育用品店請教老板，想說賣體育用品的人應該懂訓練方法吧？在老板對我拍胸脯保證，他不是為了賺錢才推銷商品，我買了一組負重帶，重點是它很便宜我可以負擔。

那是一對深藍色針織布的帶子，可以繞在腳踝周圍再用魔鬼氈固定住，帶子上有許多長條形的口袋，只要在裡面放進鐵塊增加重量就可以增加行走時的負重。離開店家前老板很有信心的告訴我，只要在兩隻腳上綁住這個打籃球，平常走路也綁著，過一個月再拿下來就會發現跑得又快、跳得又高，腿部肌肉的爆發力會明顯成長。聽完我興奮的把那神祕武器帶回家，滿心期待變成飛人的那個我。

就這樣，我開始在腳上綁著兩條重重的帶子生活，而且為了之後讓同學訝異我的運動能力突飛猛進，一個月下來完全沒有人知道我偷偷在訓練我的腳力跟彈性。只不過，一個月過後當我拿下來打球時，好像也沒人感受到我有什麼差別就是。

我很嘔，不只是花掉零用錢，更嘔的是這一個月來因為每天綁著負重帶，粗糙的內裡不斷磨擦我的腳踝，洗澡時特別的痛，結果竟然是白受的苦。

剛開始，穿上帶子的前幾天皮膚還只是磨得紅紅的，不過為了確保有效果也就忍受著沒把它拿下來。我曾打算先在腳踝綁條毛巾隔絕帶子，不過那樣實在是太大一包，學校的制服褲遮不住，在面子與痛苦之間我當然選擇顧面子，年輕嘛。

隨著一天天過去，沉重的帶子讓我感覺回家的路愈來愈遠，每次從公車站走回家都有些痛苦，最後幾天甚至磨出血來。不過當我拿掉負重帶後，整個人如釋重負，腳步也因為心情的不同，感覺變輕快許多。雖然我的腳力與彈性並沒如老板的保證大躍進，不過雙腳不用再承受帶子的磨擦，心情好過很多。

擔心，就像人生的小偷。對於剛提起勇氣準備突破自己界線的人，擔心更是巨大的敵人。就像我綁上負重袋的經驗，當你綁了過重或不適合的東西在自己身上時，時間一久通常會開始造成傷害，讓人腳步變沉重，讓人開始忘掉開心時候的自己，偷走原本屬於你的時間。

夜晚擔心隔天的事，好好睡一覺的機會就不見了；早上擔心晚上的事，一整天工作的衝勁就不見了；出遊擔心家裡的事，原本要放鬆的旅程就不見了；相愛擔心背叛的事，牽手一輩子的幸福就不見了；現在擔心還沒發生的事，很快，好幾年的時間就不見了。

康乃爾大學教授卡爾．皮勒摩（Karl Pillemer）就曾發起一項實驗，調查超過一千五百位六十五歲以上的人，問他們在當前人生中學到最重要的課題是什麼。起初研究團隊只想以經驗傳承的角度，來尋求這些人的智慧，心中預期會得到許多重量級的人生道理；好比經營事業的心態、人生該朝什麼樣的方向努力等，然而研究人員一再重複聽到的建議卻是，他們希望自己可以花更少的時間去擔心生活中的某件事，不再被憑空擔心的事情綁架了快樂。

是吧，我們都要學會不讓擔心去占領生活，因為那只會帶來更多的空虛。如果現在一直有件事在煩著你，那就付出行動去處理它，或是面對它，不然就放下它。將它懸空在那，只會讓時間一點一滴消失。

想在希望與擔心之間取得平衡的確不容易，但很多時候你只是看輕了自己的價值，缺少勇氣相信自己不用擔心。別讓自己就這樣停在不知所措的階段，如果那真是你要的，就付出努力去達成。**因爲比起拚盡全力後的失敗，眞正會讓人從擔心變成遺憾的，是當初因爲恐懼而沒有選擇做更好的自己。**

把心拉回來，專注在對自己好、對事情有幫助的地方。往好的方向想雖然不能立即解決問題，但至少你會知道怎麼變好，以及如何重新出發。

專注在對自己好的地方，
壞事走了，好事就跟著來了。

先喜歡自己，才會有喜歡的生活

艾・語錄

面具戴久了最怕拿不下來，批評聽多了最怕走不出去，
這個世界常迫使我們變得不像自己，
難過的是，有天想找回過去，
卻也忘了原來的自己。

所以，趁著還有力氣時，
我們都該把喜歡的自己記在心裡，
想笑就笑，想哭就哭，想去哪就去哪，
想握住什麼就不要輕易放棄。

不要忘了，別人的眼光無法決定你是什麼樣的人，
試著勇敢的做自己，然後成為快樂的你。

有時候因為生活過於忙碌，無力再去探索自己內心，發掘真正想要的事，不知不覺就受到外界的擺布，任由他們決定自己想要的東西。電視播放新產品的廣告，某天走在路上看見實品就衝動的想要；看到國外引進的流行商品，趕緊上網查詢國內是否有相同的地方可以買到。逐漸，我們開始把喜歡這個課題，交給其他人來教我們。

喜歡與討厭的情緒原本應該是自然發生。像我從小就喜歡喝綠豆湯，每到夏天家裡冰箱都會備有一鍋綠豆湯，放學或打球回家就會裝一碗來喝，吃剉冰時要加綠豆，綠豆沙也是我最愛的飲品。我一直覺得那是出自我對綠豆的狂熱，直到有天喝到沒加糖的綠豆湯差點沒噴出來。從那天開始我幾乎沒再喝過無糖的綠豆湯，至於有糖的綠豆湯，至今仍然是我的最愛。

喜歡與不喜歡就是如此，只要親自去品嘗、體驗、碰過、遇見就會知道，不需要別人來教我們。可是為何今天會由外界來告訴我們應該喜歡什麼樣的東西？要去過什麼樣的生活才叫快樂？不是去買自己喜歡的東西，而是去買廣告希望我們買的東西；不是去做自己想要做的事，而是去做別人想要你做的事。

也許，我們都太在乎別人的眼光，以至於忘了要努力喜歡自己。

愈忙碌的步調、愈需要社交的環境，催趕出來的生活可能讓人愈感到空虛，所以才會有那麼多人忙著活出別人喜愛的樣子，深怕一個不小心，就成為別人心中討厭的人，深怕某天成為別人口中議論紛紛的對象。

只是，雖然對物品的喜愛可以明顯找到緣由，但是一個人喜歡或討厭另一個人經常是沒有理由，不只是自己對別人，別人對你也是。並不是你今天抱著善意跟人來往，別人就會用同樣的心態回應。畢竟，**沒有人可以永遠滿足另一個人的需求，因爲滿足並不是單向的，若是對方始終不在乎，你每一次的取悅都是讓自己被劃傷。**

別只顧著想討好別人，要開始想如何關心自己。你不需要做到每個人都滿意也可以安然的活在這世上。也許交到的朋友會變少，但至少都是真心對待你；也許不認同你的人會變多，但至少你不用費盡力氣還得不到該有的回應。多看重自己的一切，別擔心你會因此被人排擠，**你的價值不是由那些人來決定，太在意討厭的人如何看你，漸漸的你也會討厭那樣的自己。**

喜歡自己，也意謂著你要有勇氣把不喜歡的東西從身上捨去。是真的要捨去，因為有太多時候我們疏於重視自己，於是分不清楚掛在心上的事情哪些是真的喜歡，哪些又是假裝的喜歡。你要先把不喜歡的東西丟掉，才會有力氣去追尋更喜歡的生活。把不喜歡的東西從身上拿走，也等於是跟過去討厭的自己分手，往更好的未來前進。

永遠把自己擺在照顧名單的第一位，唯有當你喜歡自己，你才會喜歡這個世界，你的周圍才會出現彼此都能開心相處的人。這些人，不需要你刻意假裝，不用你處處迎合，因為他們關心的是，真正的你。

拿出勇氣不合群，至少你會喜歡自己

艾・語錄

如果不想一輩子過別人設計好的人生，
那就用心經營好現在的人生。
這世界，有很多的不得已，但不代表未來就只能如此。
現在發生在周圍的每件事，很少是突然之間就形成，
如果想要未來變得更好，那就要從現在開始。

學習如何開心的往前，
讓自己每天進步一點點，也讓自己每天快樂一些。
只要肯用心過生活，有朝一日就會發現，
你已經在過自己想要的人生。

不合群，這三個字充滿好大壓力。但我想告訴你，別因為不敢拒絕而選擇合群，更別因為害怕寂寞而選擇盲從。

學生時，我的宿舍同學常邀約吃消夜，你知道的，晚上總是特別容易餓，年輕的身體又不需擔心睡前吃東西會有負擔，吃飽反而更好睡，所以很難拒絕同學揪團買消夜。只是，突然邀約吃消夜也代表著，你會突然花掉一些錢！雖然學生時期還不需嚴格控管預算，偶爾一次突然花錢還過得去，但若是一個月花太多次，那可要看你的荷包夠不夠重。而且坦白來說，除了多花錢，另一個決定會跟同學去吃的原因是：如果宿舍一群人去吃消夜，你卻不去吃，那可是不合群了！

不過正所謂在家靠父母、出外靠朋友，一場消夜換一世朋友，跟同學吃消夜可是種人脈投資，好像不應該計較合不合群的雞毛蒜皮。好吧，那就讓我再分享一個不合群的故事，一件攸關生涯出路的事。

準備研究所考試那年，只要是能讀書的時間都很寶貴。當時我需要通車去補習班上課，晚上再通車回到宿舍，因為是主要路線，所以回程的人群，包括我朋友，也都是剛從補習班離開。換句話說，車上載滿考研究所的人，認識的叫戰友，不認識的叫對手。

上完課總是會累，所以在回程時心情會想放鬆，大家一起買消夜、喝點飲料聊聊天很正常。然而，每次只要一上車，我都是制式化的拿出耳機，按下古典音樂的播放鍵，開始複習當天上過的課程。沒有一天，有所例外。

不難想像：一群人在車上聊天、吃著東西、討論好笑的事，卻有一個人坐著靜靜低著頭，頭戴耳機、手拿筆記、面無表情，那是個多麼不搭的畫面。

沒錯，那個當下，我相當不合群。結果是，考試放榜結果我也不合群，成果比多數人還好。如果這就是不合群的代價，我覺得一點也不昂貴。

乍看之下，我是在否定「合群」這件事，其實並不是。合群可是現代人求生存的方法，是討生活下必須的配合，只不過，太多人把合群的壓力看得太重，重到失去自己寶貴的聲音。

人生中的每一天，我們幾乎都會站在十字路口中間，小至要不要一起團購、要不要下班後一起去吃點什麼；大至該怎麼拒絕不屬於你的工作，或是在會議中舉起手表達你的不認同。這些都是種決定，你當然可以選擇合群的多數邊，但你也應該知道，天底下沒有一件事不需要付出代價，而那個代價可能就是你犧牲掉自己的金錢、時間、權利，或是增加更多不必要的工作，而且功勞還被別人領走。

有人說，要接受別人的異樣眼光，真的很難。

有人說，要選擇不跟著大伙走，擔心被排擠。

有人說，要勇敢跟別人說不，心裡會有愧疚。

這些都是不好應付的問題，但也沒困難到你該無視自己的聲音。何況選擇合群或不合群，都可能是種折騰，那何不為自己而折騰。**畢竟很多人都在做的事，不代表那件事就是正確的；你選擇做跟別人不一樣的事，也不代表那件事就是浪費時間。想要與眾不同，並不代表你這個人就有錯。**

我要強調，你並非要特立獨行、獨排眾議不可，我只希望你勇敢選擇內心想要的決定。如果非要加入一個圈子，那最好是你自己想要的圈子。你可以跟著大家走，但那必須是你自願的、你計畫過的。你也可以選擇跟隨，但希望你知道正在往哪裡去，而不是盲從。

你或許聽過，成功的人總是那兩成的人，因為他們做了另外八成的人辦不到的事。但真相是，並非他們做出什麼不一樣的事，而是他們一直在努力完成自己想要的事，堅持自己想要的夢想，實現自己想要的人生。

這一切，都來自他們選擇聽自己的聲音，即使需要跟別人有所不同。

一定會有迷茫的時候，
此時試著尋找心中的光亮，引導自己走向想去的地方。

做自己，喜歡的自己。別去成為一個自己都不認識的人，
難免周圍會給予些異樣的眼光，但那就是你獨特的原因。

你的堅持，不應該用在證明給別人看

艾・語錄

你可以憑著傻勁去突破困難，
奮力的去挑戰別人認為的不可能。
然而，可不要因為堅持太久，
最後把自己變傻了。

堅持與固執聽起來很像，卻在本質上有完全不同的意義。

我曾在一段感情中，堅持的等待對方回頭，後來才知道我只是固執的不想承認我失去那段感情。我只想證明我是個值得的人，卻忘了當初想要那段感情的原因。

交往快滿一年，我發現那段關係中可能存在第三者；難過的是，我還可能就是那第三者。雖然起初我覺得另一個人才是，我也深信只要我堅持下去，彼此感情就會再回到最初的樣子。所以我努力討好，用盡一切證明我比自己認為的第三者還值得。然而，愛情一旦落入比較，有時會分不清楚到底是在證明什麼。

於是，原本的戀愛開始變成戀眷。到後來我已分不清楚是放不下那段感情，還是捨不得付出過的努力。我愈是覺得被辜負，愈是想要握緊，直到遍體鱗傷才痛醒。然後終於知道了，我不是在堅持一段感情，而是固執的想討回自己的過去。

固執就是這樣，當你堅持一件事情太久，轉而想要證明自己一定是對的，別人的規勸都不及你的付出，你努力的方向就會慢慢失焦，然後不斷奮力去做一樣的事情，卻又想得到不同的結果，到最後讓自己愈來愈憂鬱。

要知道自己在一件事是否變固執，有個方法就是回頭尋找初衷。問問自己，現在跟當初擁有渴望、拚勁的那個你有什麼不同，是否在乎的仍是原先在乎的事，或只是害怕自己是錯的，只想跟其他人證明什麼。很多時候，端看事情的開始跟結束，會覺得是完全不同的兩件事，之中的變化之大無法預期，關鍵還是你在過程中變成了什麼樣子，是否還是當初希望成為的那個人，或者變成自己也不認識的人。

過度的執著，有時也會招來討人厭的事。據說，人愈專注於某件事所產生的思緒，那件事情發生的可能性就會被膨脹放大。好比你特別不喜歡跟某人相處，分組的時候偏偏就跟對方配在一起；你愈是覺得周圍的人對自己不友善，就愈容易碰到不友善的人。

雖然一件事的影響不太可能因為念力而真的放大，但你愈想去注意它倒是愈有可能讓事情成真，因為你心裡所想的、眼睛所看的都會是跟那件討厭的事有關，心中的警報器也就上調到特別靈敏，一旦風吹草動，就會覺得是自己倒楣。

過度的執著正是如此。你誤以為放手代表放棄，深怕因此被別人嘲諷，寧願繼續錯也不願被人說你錯，就算身旁朋友給的是建議，也都被你當成是否定。陷入固執中的人很難察覺自己有錯，只是你應該要靜下心來提醒自己，你是否真的有因此而變得幸福快樂。

對於值得追尋的事，我們都要堅持，因為達成的彼端會是幸福的起點。但對於無法改變的事，請試著不要再固執了，繼續下去只是在為難你自己。回想初衷，看看當初追尋的原因是否還在，或者你只是在向別人證明你有多努力，已分辨不清心中在乎的事情？

我知道，都已經努力那麼久了，要放棄會不甘心，想著別人會怎麼看你。只是從什麼時候開始，你認為自己一定要符合所有人的期待才行？覺得不能錯過人生中的每次機會？覺得非要扮演好每個角色才是成功？覺得每件工作都要看到最好的成果才有意義？覺得一定要讓周圍每個人都認同你？

你已經夠好了，請肯定的跟自己說，接下來的努力都是為了更好，並不是要追求別人口中的期待。

你的堅持，不應該用在證明給別人看。面對困境我們應該堅強，但不應該逞強。學會承認自己有不足的地方，也是在跟未來的你承諾變得更好。我們都不完美，也不需要追求完美，允許自己有成長空間才能開心享受人生。你不可能讓每個人都滿意，更不可能在強迫自己去做不喜歡的事情後，還成功說服自己那是真心。為一件事情堅持是為了變成更好的自己，而不是活在別人的期待之下，去達成自己也不喜歡的完美。

確實，我們無法決定別人的看法，想要放下原本堅持的事，勢必要面對一些人的閒言閒語，或是撐過那段自我否定的路。只是希望你也能想起，一輩子相處最久的人一定是自己，只有當你開心了，你的世界才會開心；只有當你有勇氣認同現在的自己，才會有力量認識這個美好世界。

初衷難尋，但它一直都在。

別討好了別人，卻討厭了自己

艾・語錄

再怎麼耐用的袋子，
裝進去太重的東西，也有破掉的時候。

我們的心也是。

有時候，不是自己太脆弱，
而是心裡塞進太多沉重的東西。
我們都要學習勇敢割捨一些過去，
因為再怎麼堅強的心，也需要有空間去喘息。
空間出來了，
才能繼續迎接更喜歡的人生。

長大後，慢慢發現自己不可能討好周圍所有人，每個人都有不同的成長背景與價值觀，你的想法若是沒跟任何一個人衝突，或許也表示這個想法一點都不重要。

並非說討好的行為很差勁，有時這是為了生存下去該具備的能力，讓自己可以安然周旋在社交環境裡。從動物本能來看，當絕對的優劣勢產生時，劣勢一方也會自然想討好優勢那方。

只是，行為久了會成習慣，有時候我們想討好他人只是下意識想追求安全舒適的選項，或是不希望自己失去在某人心中的位置，卻在不知不覺中失去更重要的事情——個人的主見、體貼自己的想法，還有自己的聲音。這些都可能因此變得模糊與微弱。

要知道，人生就像一個珍貴的盒子，我們會慢慢收藏快樂的回憶進去，但是別人也會想把他們的建議、看法，或是難聽的批評也丟進去。他們當然有自己的盒子，只是希望你的盒子能長得跟他們的一樣。

別忘了，想滿足所有人是不可能的事，很多時候你做得好或不好跟你並沒有關係，而是別人偏頗的想法、惡意的妒忌。就算你表現夠好了，討厭你的人還是會想辦法挑出缺點。因此，不用特地去理會那些不友善的言論，因為打倒人的並不是那些人的音量有多大聲，而是你把它們放在心裡有多久。再者，當一個人在批評另一個人時，通常只會從自己的人生為出發點，而他的人生並不代表就是你的人生。

你不需要跟其他人一樣，因為每個人都是獨一無二的，所以你才無法滿足所有人。找到自己熱愛的事情堅持下去就好，讓周圍充滿喜歡的事，你自然會喜歡自己的生活。就算批評來自你真的做錯什麼事，也不需因此全盤否定自己的努力。

沒有人是完美的，但也沒有人是無法進步的，做的好或不好都只在反應一時的結果，持續努力才是重要。只要你不斷朝向更好的自己前進，就會發現那些批評的聲音離你愈來愈遠。說穿了，大部分只會批評的人也都只是留在原地大聲，往前走，你的世界才會充滿更多好的事情。

畢竟，人生這個盒子能塞的空間有限，它需要你時常整理，關心裡面的世界；否則塞進太多不喜歡的東西，你打開時也很難開心。

每個人的一生，都會經歷許多種成長階段，會因此遇見各式各樣的人。有些人會很合得來，有些人會感覺不對盤，有些人會暗示你應該加入他們的小團體，有些人會私底下跟你說某些人最好不要靠近，還叫你不要問原因。不論是真、是假，都別忘了你不需要放棄原本的自己去討好別人。

如果可以，在人際關係中受到歡迎當然很好，誰都會想得到又廣又深的友誼，但如果那是你犧牲自己不斷配合別人才得到，其實你也開心不起來，因為再怎麼受到別人喜愛，都不及你喜歡自己重要。況且，若一段交友關係是透過勉強而來，很難說對方是真心喜歡你，或只是看上你的好配合。無論友誼深淺、感情濃密，都不應該是單方面的討好，而是要互相看到對方的好，關係才會真的長久。

有捨，有得，堅持過喜歡的生活需要勇氣，適時拒絕討好別人從來不是件容易的事，但你也因此看見別人看不到的人生風景。最終你會發現，能夠以自己最喜歡的樣子活著，留在周圍的也才會是最喜歡的人事物。儘管有些人在過程中選擇離去，走之前還怪罪你的改變，但最終陪在身邊的，才是值得你去在乎的人，就算是互相討好也是讓彼此更開心。

練習做更好的自己就是，別嘗試去成為一個不想讓別人失望的人，否則到頭來你可能討好了所有的人，卻開始討厭那樣的自己。

你今天對自己微笑了嗎？

多相信自己，因為未來的你會比想像中還好

艾・語錄

不要因為孤單，而隨便牽起另一個人的手，
也不要因為無助，而開始過著別人強迫你過的生活。
你的心中會有擔心、恐懼，並不是前方的路太難走，
而是你忘了自己有重新開始的能力。

不論是哭還是笑，最後都要想辦法再站起來。
但記得不用變得完美，
追求完美只會讓你一再關注自己的缺點。
學會不輕易說放棄就好，
只要這樣努力下去，
未來一定會變成自己想要的樣子。

「信任」是件需要時間培養的事，少有人會在一瞬間就把它交給另一個人，通常要相處好一陣子才會願意拿掉保護色，放心用真實的那一面來對待開始變熟的朋友。然而，這輩子相處最久的人其實是自己，我們卻會在某些重要的人生階段，對自己失去信心。

有時候，無法信任自己的原因是來自別人給的否定，或是間接聽到不知從何傳來的惡意批評，接著心中產生一圈又一圈懷疑自己的漣漪。這種不懷好意的批評，或是他人對自己莫名的看不慣，會出現在生活各種領域。雖然永遠都無法習慣，但這個世界就是如此，當你認真往上爬時，總會有人想把你拉下來，整天等的是看你做錯什麼事、說錯什麼話，然後拿出反常的積極，第一時間跑去讓其他人知道。他們不一定是想爬上去，但就是不願看到你超越他們。

這就是為什麼，你必須比別人還相信自己的原因。

不用讓旁觀者來替你打分數，也別在被潑冷水時就開始懷疑自己，你的前進並不是為了討好其他人，當你把注意力都放在自己身上時，才會找到更多力氣，將眼前發生的事轉化成更多的動力。特別是，別被那樣的討厭，消耗掉你的美好。

遇到不如意，不用去恨一個人，而是不要讓自己變成那樣的人。一件事的好與壞，總是會延伸更多的好與壞，每個人早晚都要承受自己的選擇。

保持動力去愛自己，然後別放棄為喜歡的生活努力。相信自己，用心的經營人生，學會把壞事留給昨天，這樣才有足夠多的空間，迎接更美好的明天，然後快樂的朝想要的生活前進。

可是，也有些時候並不是別人對你做了什麼，而是因為你對未來的求好心切，開始把注意力放在自身缺少的地方，開始懷疑自己的一切。

只要是人，都會產生羨慕另一個人的情緒，但過多了就會受傷。當你經常羨慕別人彷佛什麼都有、什麼都會，就容易看輕自己正在做的事，甚至否定原本熱愛的事情。

其實，每個成功的背後都有不為人知的努力，每份工作的價值也是需要時間累積，過程中捨棄了什麼、得到了什麼，只有自己走過才知道。每個人的世界裡，都有著和別人不同的催促鼓聲，唯獨用心去聽自己的聲音，才能勇敢邁開步伐，知道該前往的方向在哪裡。

全力以赴就是，專心做好自己手上的事，然後持續學習成長，有一天它就會變成你拿手的事。或許短時間還無法換到該有的成果，但過程一定會帶出更有信心的你。比起走走停停而最終後悔，用心努力的你一定會展現該有的光芒。

寫到這裡，還有件事跟相信自己有關：你要接受失敗的可能。在努力的過程中，遇到失敗是常有的事，沒遇到才是離奇。做一件事，儘管成功是令人嚮往的快樂結果，但真正讓人學習到什麼的，經常來自於失敗。

因此，當你遇到打擊時，不見得要馬上站起來，但一定不能就這樣倒下去。咬緊牙也好，不服輸也罷，總之要不斷的尋找力量撐過去。雖然，用說的如此簡單，遭遇時可能痛苦到不行，但能夠撐過去的你一定會變得更強大，你也會知道這是淬鍊出更好未來的最佳方法。到後來更會明瞭，**當你有能力接受失敗的自己時，也就具備能力遇見成功的自己**。

學會給自己更多的信任，相信自己能做到別人認為你做不到的事，相信自己可以面對充滿挑戰的未來，相信自己有天可以擺脫那些討人厭的事，相信自己會因為今天的努力，累積出更喜歡的明天。

不論是勇往直前，還是邊哭邊拖著自己往前，都不要跟那些批評你的話投降了，也別因為害怕而停下腳步。每一天，我們都有好多次的機會可以肯定自己，也可以怪自己，但記得，你每次的選擇都將成為一種練習；而愈練習，你就會愈習慣用那樣的方式對待自己。

你不需要成爲凡事正向的人，因爲那有時更累，但你一定要成爲能看見自己好的人。盡力做好自己想做的事，用努力在人生中刻下痕跡，生活肯定處處有刁難，但你還是可以因為用心雕刻，活出更好的機會，遇見更好的人或事。

有天，回頭一看你將發現，原來那些曾經，都已變成最好的安排。

069

CHAPTER 2

談人生

我們都用跌跌撞撞學會，往前走的路該如何選擇

找不到喜歡的工作，但一定能找到喜歡的生活

艾・語錄

因為關係到收入，面對工作很難隨心所欲。
然而生活中不要忘記，你才是心情的主人。
別人說的話，他人的想法，對你而言都只是個參考值，
最終影響是正面還是負面，完全由你決定。

把笑點調低一點，將感動放大一些，
學習從生活中發現更多的可能。
自得其樂是個綁上緞帶的禮物，
知道如何打開它，
你就會看到更棒、更開心的自己。

我想，人生有兩件事往往被迫無法選擇：一為出生，二為工作。

出生不用說，我們無法選擇在什麼樣的家庭長大。運氣好，你可能是富後代，少了生活壓力從此無憂無慮，父母給你自由去規畫想要的人生。運氣不好，你也可能是富後代，家裡管教嚴厲，從小就被指定未來要做什麼工作，生活出入被放大檢視，連結婚對象都是長輩挑選。不同的家庭背景各有不同的好與壞，無從比較也不需比較，把握好自己接下來的人生才對得起自己。

至於工作被迫無法選擇，嚴格來說是指「技術上」而言。大部分的工作，其實還是有選擇的，只是人生總有某些時刻，因為經濟重擔被迫去做一份討厭的工作，或是大環境的動盪不適合找新工作，無奈被限制在不友善的工作環境裡。

做著不喜歡的工作是件折磨人的事。算算正規上班時間外加用餐及加班，一個人平均每天待在公司的時間少說十個小時，卻要面對那麼多令人煩躁的事，還需要周旋在某些難相處的同事中強顏歡笑。就這樣，許多人做著不喜歡的工作，累積出不喜歡的怨氣，慢慢影響到生活各個層面，變成過著不喜歡的人生。

只是除非幸運，要遇到滿意的工作並不簡單，就算是在喜歡的工作中同樣會有麻煩。一個空間中只要出現的人夠多，一定會看到難以理解的行為與態度。其中，有些人還特別愛唱反調，當你正忙著找解決方法，對方只顧著放大問題，事後還得意的跑來邀功，說他幫你挑出新的問題。

其實，任何的工作都是一種成長的積累，想要離開討厭的環境，你得先離更好的自己近一點，若是一再抱怨壞事只會讓好事更加遠離你。這樣說並非要你無條件吞下所有的不滿，**你一定會有擺脫討厭環境的機會，只是那不會發生在你具備走出去的能力之前**。

面對不喜歡的工作環境，你應該練習把心情的焦點，調整到工作中能讓人成長的地方，讓自己擁有更多優勢，因為唯有自己先變好了，周圍一切也才會跟著轉好。到後來將發現，原來持續的讓自己進步，就是給那些只會唱反調的人最好回應，是擺脫討厭環境的最快方法，而那些原本覺得過不去的事，幾年之後，就會只是芝麻小事。

喚醒自己，**別讓不喜歡的工作，奪走你去過喜歡生活的念頭**。就算是面對生活壓力，也千萬不要把工作賺錢看成唯一。雖然工作占了一天大部分時間，但決定生活滿意度的依舊是工作以外的時候，良好的生活品質也會給你更多動力面對工作挑戰。很多時候將心情扭轉回來，讓能量重新回到高點，在工作中也會注意到更多友善的人事物，增加工作上的動力。

決定一個人如何度過困難時刻的，大部分來自於平時給自己多少力量面對困難，還有多少勇氣抑制轉身逃跑的想法，這些都需要心智跟意志來幫忙。如同人在肚子餓或睡眠不足時特別容易引來壞情緒，平時任由無意義的事情消耗自己的精神，失去活力的你當然會覺得生活與工作更痛苦。

找不到喜歡的工作，那就用心去找喜歡的生活，把人生的滿意度掌握在自己手裡。在工作以外培養興趣，在下班之後閱讀休息，在假期當中沉澱自己，在生活之中聚焦美好。學會放下不該握住的東西，嘗試放空自己的情緒，好的事情才會依序走進生命裡。

快樂的道理不需要複雜，我們不用等到獲得什麼後才能允許自己開心，努力的過程早已經在累積快樂。就像有時以為只要達成目標心情就會變好，但在得到後其實也沒想像中興奮，反而令人一再留戀的是那段毫不保留、用心努力的過程。

用心做好手邊工作，用心計畫下次的旅遊，用心整理房間的某個角落，用心去打扮自己。這些看起來只是把事情做好，其實更是在向自己說：我有在好好生活。

就是這樣，好好過生活，生活，自然就會好好的。就算暫時做著不喜歡的工作，依然可以擁有喜歡的人生。

——人生的路上，偶爾會需要停下，靜靜等待某些事情過去。

事情過去了，才能夠繼續的往前走。

現實這條路，走不下去就換別條

艾・語錄

別在乎傷害你的話，因為重要的是你接不接受；
別煩惱遇到的問題，因為重要的是能找到勇氣面對；
別擔心夢想離現在太遠，因為重要的是未來的你如何達成。

更重要的是，別因為遇到挫折就失去信心，
也別因為不捨，而緊抓著該放手的事。
這世界沒什麼困難是過不去的，
只要你願意努力，
所有發生的事，
對你都是最好的安排。

很多時候，我們會以為人生只有一條路可走。

多數人，至少是我遇過的多數人，人生都有類似經歷：從學校畢業進入職場，開始遇到第一份薪水高低的現實；工作三、四年累積些資歷，開始遇到能力足夠但不是你升遷的現實；再過七、八年後習慣一成不變的工作，開始遇到生涯發展的現實；人生來到四十歲，開始遇到養家活口的經濟壓力現實。

其實，**不管走到哪裡都一定會遇到現實，只是那個現實你能不能接受而已。若不能接受，就不要勉強承受，沒必要把自己逼到只有一條路可走。**

研究所即將畢業，我面臨服兵役的抉擇。當時班上男同學都忙著一件事：到處投履歷面試國防役。應徵者除需要碩士資格及通過筆試，還要接受長達四年的時間，以低於市場薪資條件來抵免一年多被鎖在兵營的日子。基本上這交易很划算，雖然要等服完兵役才能領到該有的薪資，但也等於直接累積四年的工作經驗，不用在兵營裡白白虛耗一年多的光陰。況且，如果工作上表現良好，公司也會放心用四年的時間來培養你，在第五年時肯定是大幅調薪。

對許多人而言，眼前的光明道路肯定就是國防役，雖然薪水領起來實在太委屈，期間有沒有加薪機會也不確定，但那就是現實該走的路。當時的我也是如此認為，就跟我過去順勢去考大學、研究所一樣，沒有停下來思考報考的熱門科系是否適合自己，就這麼急著報到、急著畢業。起初面對國防役面試我也沒有想太多，只是趕緊跟著大家到處投履歷。

面試了一、兩家後，我心中開始產生疑問：「難道這就是我唯一的選擇，或是『應該』選擇的路嗎？」在有這想法之前，我從未思考過服一般兵役的可能，只覺得同班同學都積極到處面試國防役，我不跟著投履歷不行。所以當我心中出現疑慮時，確實給我完全不一樣的想法。

「難道，我沒有其他的路可以走？」也就在這一刻，我想到直接去軍中服兵役的可能。

重新思考眼前的路後，我發現國防役確實不是唯一的路，甚至對我個人來說也不一定是最好的路。

我當時的想法是這樣：如果在一家公司被綁住四年，代表的是什麼？或許有這四年的合約保障，工作上的壓力會比較輕，至少不用擔心失業，但也可能付出的努力不會直接反應在薪資上。再說，較輕的工作壓力是我會想要的嗎？還是我希望趁年輕時接受多一點的挑戰，然後領取相對的回報？

此外，聽說進兵營等於是浪費一年多的時間，但這樣的想法又是從哪裡來的？為什麼我還沒親身經歷過，就確定類似的情節會發生在我身上？老一輩的人都說，當過兵的男生才是男人，當然這句話肯定不適用於現在，但是否裡面有值得我思考的地方？

反覆思想後，我做出跟同學完全不同的決定，我打算去服兵役，而且還不是選擇一般兵，是擔任有挑戰性的少尉預官。

說真的，現在回想起來仍然覺得那時很有勇氣，甚至若你問我重新再選一次，是否仍然會去服正規兵役而不選國防役，我都沒有信心給出肯定的答案。但是，現在的我很確定一件事：在服兵役那十七個月中，我獲得至今從來沒有過的人生經驗，而且在日後的工作裡也不斷的派上用場。

印象最深的一次，是我在當時不到二十五歲，就有機會掌管像一個公司部門大小的兵力，人員配置超過兩百位。每晚睡前我都要計畫各個小組、人力應該要做什麼事，要分配每位組長或是資深的士兵該如何帶領新兵，要能夠即時處理長官交代下來的雜事，還要承受許多不公平的潛規則，然後調適心情。

這是我原本完全沒有預料到的事，雖然當初選擇預官挑戰，但那時也是心存僥倖，以為可以憑著學校專業，順利被分派到步調較緩慢的教學單位裡。事實上我後來也有這機會，只不過本人抽籤運實在太差，縱使結訓成績是全班前三名，有百分之五十的機會可以留在受訓學校服役，結果還是沒抽中；運氣更差的是，我不只沒抽中幸運籤，還抽中當時只有不到百分之一的實戰部隊籤，必須到非常精實的部隊去服役。

經過接下來一年多的磨練，我克服了許多困難，遇到許多至今回想起來都不可思議、荒謬的麻煩，但或許也是這樣，現在我只要遇到困難都會覺得好像也沒那麼難。回想那段當兵時間，上天確實給了我很棒的成長機會，讓我之後面對許多難題時，可以更從容的調整好心態。但其實在那個當下，我覺得我根本是衰到極點。

人生很多時候，確實會因為不得不向現實低頭，而開始覺得人生沒得選擇，開始對未來失去信心。然而，我希望你也記下這句話：**打敗你的，往往不是外面的世界，不是那些討厭的人、那些難聽的話，而是住在內心世界的那個你。**是那個你先預設了最壞的情況，是那個你先設想接下來會發生不好的事。

相對來說，很多的好事，反而在你願意往前跨一步後就會出現。雖然當時我決定放棄國防役的機會，事實上我也是掙扎好長一段時間。那陣子，一來擔心自己不夠積極投履歷，二來又怕選擇服兵役是條不歸路。

但就像我說的，我們所害怕的，我們所擔心的，我們所煩惱的，很多時候都是自己想像出來的。雖然我無法知道若是選擇服國防役，我的人生會不會出現不同的機會，但我確定若我沒有選擇服一般兵役，我這輩子絕對得不到那時候的經驗，還有提早變成熟的男人心態。

遇到人生難題，千萬不要認為眼前只有一條路可選擇，也不是選擇之後就只好硬著頭皮走到底。堅持是很重要的，但只要方向不變，並不需要陷入只能走一條路的思維；只要努力，生命自然會把你帶往你想去的地方。

年輕時，我們以為人生就該是條直線，走著走著就會到達想要的地方，所以你很努力衝，用著似乎見不到底的精力，往前邁進。漸漸的，你會發現人生並非一條直線，而是彎曲的，更是有阻礙的，有時還逼著人不斷折返，所以心才會覺得好累。

「休息，是為了走更長遠的路。」我們都知道這句話的用意，卻發現不容易用行動來證明。因此，忘了從什麼時候開始，停下來的時間，好像已經多於往前走的時間。

有人說，這就是人生，但一部分的你知道，並非如此。

累了，確實該休息，但千萬別因此而永遠停下。**我們無法回到過去，因爲過去已經被兌換成經驗存在心裡，也因此你更該帶著勇氣看清楚，選擇爲自己想要的事情去努力，然後以有限的資源，全心爲那個夢想灌氣。**

現實，走不下去就別再硬闖，但不要因此而不再繼續。即使精力已經不如以往，但你也因為多了經驗，更清楚自己想要的東西。只要不終止，夢想的氣球仍會因為你現在的努力充氣，有機會在未來高飛。

路，走不下去，不一定是自己能力不好，也許就是時間還沒醞釀出適合你的機會。
換個方向，轉個彎，嘗試不同的做法，或許不久的將來，就能遇見全新的自己。

沒什麼好比的，每個人都不一樣、都是唯一

艾・語錄

不要因為人喜好比較的天性，
而陷入無法滿足的陷阱裡。
你不是活著要來取悅這世界的，
成為更好的自己，才是你要在乎的事。

說到比較，好像是人與生俱來的能力。

小學時，比誰家的爸爸頭銜較厲害，誰家的媽媽較美麗；中學時，比誰的成績較高分，誰錄取的學校較有名；大學時，比誰先交到男女朋友，比誰在學校更出風頭；工作後，比誰的職業含金量較高，比誰的收入較多，聽到那個誰誰開什麼車、買什麼房子耳朵就會特別豎起。不知不覺，我們開始習慣用這社會訂出的標準，來斷定自己走的路正不正確。

雖然比較是人的本性，也是人類進化的原動力，但是當比較的焦點從追求進步變成追求誰比誰優越，導致去做一件事情的動機從值不值得，變成會不會得到他人讚賞，結果原先在乎的事就開始變得模糊。

比較，若單純從量化的結果來判斷並不公正，更是讓人失去焦點。雖然用數字衡量隨即就能分出高低，但那畢竟只是數字而已，並不代表一個人的努力有沒有價值。**不論是成績或是收入，雖然可以被量化，但不應該拿來當作人生規畫。**

尤其需要擔心，躲在「比較」後面的是一種難纏的情緒：失望。因為擔心自己不如其他人、做不到別人的標準，擔心會讓父母、家人、朋友感到失望，結果只好放棄自己喜歡的路，選擇走另一條看起來阻礙最少、最令人放心的路。直到有天回頭看，發現再也回不去那個起點，才知道雖然當初選擇的路滿足了身邊的人，卻也把原本喜歡的自己留在過去。

當比較陷入無止境時，人生的運轉似乎也就停了下來。你會永遠想要得到更好的東西，永遠會嫌自己的不足，你看似得到更多的東西，滿足感卻仍停留在不足的那一邊。日復一日的比較下去，其實連自己都知道沒有因此更快樂。

不要拿還不屬於你的東西去跟人比較，也不用拿自己擁有的東西去跟人炫耀，畢竟活著從來就不是為了取悅什麼人，經常陷入比較模式，只是一再讓自己失去生活的重心。

脫去了比較的束縛，就會知道每個人都是唯一。如同自然界無法找到兩片形狀一樣的雪花，兩個人之間也無法找到完全一樣的個性，造就的人生不會跟別人一樣，別人的也不會跟你一樣。不同的人生階段，有不同的人生需求；不同的人生經驗，也有不同的人生進度。一個人至今做過的事，所產生的價值不該隨便就拿來比較，因為基準點根本不同，再怎麼比也不正確。就像你不會拿大人的身高去跟小孩比，人生的進度也不該直接拿來相比。

況且，很多人表面上看起來過得很好，底下卻是建立在浮木上面，背後有沉重的債務，以賺多少、花多少的方式，換取硬撐起來的身上行頭。這樣的人生，看似過得光鮮亮麗，其實過得唉聲嘆氣。

在這世界上，你只需要跟過去的你比就好。堅持每一天都讓自己進步一點，堅持做好計畫要做的事，堅持往想要的目標前進，能做到這些就已經是了不起的成就，不需再用多寡、高低、優劣、好壞來證明，有朝一日，你也才會過自己真正想要的人生。

每個人的一生，都是一段專屬的旅程。你不需要透過比較來證明自己走得多精采，縱使落後了，也不代表你的未來就比其他人差，只能低頭跟著走。

靜下心走好自己的路，才能讓自己開心的跨步。與其煩惱過去，不如從現在開始做出選擇，未來的路你不再跟別人比，而是快樂的走，用心打造自己會喜歡的旅程。

人生沒有太晚的開始，只有你提早讓它結束

艾・語錄

如果自律對你而言是種掙扎，覺得會限制自由，
可能是你把人生看得太過安逸。
安逸是好事，但若是發生在老了以後會更好。
現在的你，應該是要接受挑戰，努力咬牙，
然後期待那一份獎賞，享受背後的成就。

別太早開始安逸，應該選擇挑戰，
你一定能找到之中的樂趣，然後在笑容中一步步完成它，
最後遇見變得更好的自己，
手中抱著人生更大的獎賞。

我不認識瑪麗女士，不過她的故事很激勵人心。

瑪麗從小就對繪畫有興趣，啟蒙於全校只有一間教室的小學，當時因為家裡沒有錢買繪畫工具，她只能利用家中的檸檬與葡萄當成顏料，隨手染出眼裡所見的農村生活。然而，即使她從小對畫畫展現興趣，現實仍阻止她繼續拿著畫筆。

瑪麗出生於美國一戶貧窮農家，因為家中生活困頓，十二歲時就被迫離開家裡到附近有錢人家當女傭，直到二十七歲結婚後才停止幫傭。貧窮的情況不只帶走她的童年，還奪走她喜歡畫畫的興趣，差不多也是在十二歲開始，因為傭人的身分失去好的機會學習繪畫。隨著嫁為人妻後忙於生計，以及養育倖存的五個小孩長大，她的生活再也無法跟畫畫沾上關係，只能利用短暫閒暇時間以刺繡當作興趣。

隨著經濟與生活逐漸穩定，瑪麗與丈夫也擁有了自家的農場，加上小孩都已長大成人，生活過得愈來愈安逸。原以為這輩子可以在悠閒的農村生活中度過，卻因為丈夫死於心臟病而打亂她的生活，原本要把農場轉交給小孩經營的計畫也出現變數。少了老公的經驗傳承，她必須跟著小孩繼續打理農場，期間還因為女兒得了肺結核而必須離開農場照顧她。如果從十二歲離家開始算起，整整有六十年的時間，瑪麗都把自己奉獻給家庭，除了偶爾空閒的刺繡興趣外，其他時間都不屬於她自己。

只是人的身體終究抵不過老化，手指關節炎問題最終讓她無法刺繡下去，此時一個因緣際會讓她再次拿起畫筆，認真看待她十二歲以前熱愛的繪畫；也因為這個決定，她的人生可說是重新開始，即使那年她已經七十二歲。

起初，瑪麗只是隨著心境描繪出印象中的鄉村生活，也許務農是她那時人生唯一的樣貌，因此畫起來特別有感覺，也讓她特別投入，一張接著一張的畫，每天沉浸在繪畫的世界裡。

瑪麗畫了很多圖，不過都只是興趣使然而畫，偶爾賣給鄰居當作家中飾品。直到她七十八歲時，她的作品才開始被關注。至此瑪麗的畫開始受到藝文界討論，愈來愈多人發現在瑪麗的構圖中，藏有別的藝術家所沒有的感觸。

她的畫一開始是以尺寸大小來區分標價，一張約三到五美元售出，到後來變成一張畫能以八千到一萬美元售出，在八十歲時更舉辦個人第一次畫展。在二〇〇六年的一次藝術品拍賣中，瑪麗的遺作更以一二〇萬美元的價格被收藏。在多數人都認為人生已走入尾聲的階段，瑪麗用了她人生最後近三十年的時間，累積畫出一千五百多幅作品。如果說人生沒有太晚的開始，安娜．瑪麗（Anna Mary Robertson Moses），或人稱「摩西奶奶」的已故知名藝術家，已經用人生經驗留給世人最好證明。

或許是社會帶來的壓力，我們都容易陷入一種迷思：認為沒有讀到夠好的學校、進到夠好的公司、賺到夠高的薪水、認識夠優秀的伴侶，人生的滿意度就會因此打折。煩惱的是，這些都是在二十到四十歲之間會漸漸與別人產生分歧，因此好多人不是倍感壓力在過生活，不然就是早早放棄不再精進，接受自己這輩子就只能這樣。

其實，**人生通常不是一條直線的，並非你過去選擇了什麼，未來就注定只能成爲那樣子；它更不是一條公式，不是你今天遭遇什麼事，結果就會只有一種**。人生之所以會是人生，就是充滿各種希望，等著我們去抓取，等著我們去實現。

只不過有個前提，想要實現更美好的人生，你得先克服改變的恐懼。

我們都害怕改變，因為這是人的本性。改變，意謂要先丟掉一些過往的東西，而人的大腦天生就排斥這種行為。在你打算開始改變前，它會在腦海中上演各種不好的劇情，阻止你去做跟現況不一樣的事，吸引你去選擇安逸的生活。

雖然安逸並非壞事，而且說實在安逸的生活真的很吸引人，背後代表不用煩惱人生、不用煩惱財務、不用煩惱未來的事情。但是，也正因為太早選擇安逸，人生反而安逸不起來。畢竟這世界沒有絕對的安逸，現在可以過著穩定的生活，也是過去拚命努力而來；若是現在不持續努力，包準看不到未來。也就是說，維持現況也是需要付出努力的，既然如此，何不認真的努力一次？

都說到捨不得改變了，我想再跟你分享學生時等公車的經驗。

國中搭公車的經驗裡，我體會到這件事：你花在一件事情上的時間愈久，愈容易陷入捨不得的想法，當時我稱這叫「等公車理論」。

我就讀的國中位在市區，從住家出發需要搭公車才能到達，可是我家的站點並非熱門路線，公車班次不多，經常要等個三十分鐘以上。以前的公車服務品質不比現在，冷門路線的時間表都只是參考，偶爾要等超過一、兩個小時才有車。加上那時還無法用手機上網，更別提掌握公車目前位置，所以只要公車一沒來，我內心就會開始上演掙扎的戲碼……

「還要不要等下去？繼續等，下一班會不會又沒來？」

我陷入兩難。等，可能等不到；不等，又不甘心已經耗那麼久的時間。長大後發現這就是心理學所謂的沉沒成本，捨不得之前付出的努力，所以不肯做出對自己更好的決定。

說來，這也反應出人們在工作與生活上的習慣。

常聽人抱怨受不了目前的生活，認為現有工作無法實現想要的未來，心中想做點不一樣的事，想要改變、想要突破。可是，儘管白天上班受氣，下班心情一轉好就心想：「其實，好像也沒那麼差……」想有變化但又不肯拋開過去，就這樣一直把自己拴在原地。

改變，並非要放掉現在所擁有的全部，而是讓自己用另一種方式調整人生。如果每天都做一樣的事情，很難會得到不一樣的未來。要改變，至少先從一點點不一樣開始：下班時花點時間閱讀、運動、吸取不同的知識，只要持續一陣子，就會發現不一樣的自己。這種改變不需要你做出什麼重大決定，只要每天有一點點的不同，久了就會看到很大的成長。

給自己更多的期許，給未來更多的期待，努力變得更優秀，努力活得更精采。當你不斷往前進時，不用去衡量人生的成就，因為只要你用心生活，自然會留下愈來愈多美好回憶。

更好的人生，是可以預約到的。你只需要跟現在的自己下訂單，跟未來的你展示決心，然後約定有朝一日會因為現在的堅持，成為更好的自己，讓自己過得比現在還好。**走出來，別在舒適圈中太久，你就會看到更多你想像不到的世界，接著你會明瞭，年齡終究只是個數字，而不是宿命**。想想摩西奶奶從七十二歲時才開始認真畫畫，就知道人生永遠沒有太晚的開始。

夢想有時看似不切實際，但總能在平淡的日子中支撐著自己，了解是為什麼而忙，
然後你想著想著，然後做了又做，某天抬頭一看，原來夢想已經就在眼前。

別為了活著而失去夢想，要為夢想而努力活著

艾・語錄

我們常將眼前的困境看成是無法克服的困難，
各種現實、壓力、人情都牢牢的銬住自己。
然而，那都是我們長期忽略自己成長的可能，
忘了自己只要變得更強大，
現在的問題就會跟著變小。

別輕易的就這樣放棄了，
因為真正的困境並不是來自於環境，
而是來自於心境。
走出去後，你一定會遇見充滿更多可能的自己。

我觀察過，多數人放棄夢想的時間差不多是在二十五到三十五歲。經濟的壓力、父母的壓力、現實的壓力、結婚的壓力、職場的壓力、同學買房的壓力、以及朋友間比較的壓力，在聽到當年比自己混的同學一個個賺到更多的錢，在公司爬到更高的職位，此時低頭看看自己那雙仍在為夢想打拚的腳，好多傷，好多痛，還有數不完的疤痕，心中只剩下難過。

「難道努力追求夢想，錯了嗎？」很多人都這樣問過自己。

可惜的是，真的是錯了，錯在把夢想當飯吃。

在我實現夢想中的工作前，我幾乎沒跟人提過這件事：我恨死工程師的上班工作。雖然我在學生時代一路到研究所都是讀電子工程，工作也是直接進入上市電子公司，但說真的，我很討厭那份工程師的職務。

不過我還是照做了，因為，**當你討厭一件事，不代表那件事就不值得去做，或是對你沒幫助**。關於這點我後面會再多聊到，先繼續看是什麼原因支撐著我去做討厭的工作。

我之所以討厭工程師工作，並不是這個職務不好，而是我很早就感覺到那不適合我自己。工程師的工作需要有耐心反覆處理同一個問題，而且不論工作或生活中能接觸新事物的機率也不高，待在這樣的工作環境對我來說相當折磨。要強調，這可是個人的感受，我就見過許多工程師同事、朋友，在工作上抱著難以形容的熱情，投入再多的時間也不減工作樂趣，而且在找到答案後都如同獲得奧斯卡獎般興奮，即使額外解決的問題也不會反應在薪水上面。

沒錯，就是那股熱情，它是分水嶺。

雖然我討厭工程師工作，但我對能讓我賺到該有收入的工作有所熱情，原因很簡單：擁有更高的收入能讓我加快存到錢，縮短與夢想的距離，讓我在認真活著的同時，有計畫去實現心中的夢想。

「認真活著的同時，有計畫去實現夢想。」我想這句話是再重要也不過了。

我是在二〇〇九年中離開那份上班族工作，但其實我原本打算在二〇〇七年就離開，起因於某個夜晚在公司停車棚下的大哭。

因為是研發工作，加上求好心切，所以我經常待在實驗室直到晚上十一點後才回家。然而某次因為生產線的良率問題，我必須一個人待到十二點多先把問題解決，好讓隔天一早生產線有效率的趕工出貨。或許是連續好幾天都很晚才離開公司，加上當時季節是冷冬，所以我離開辦公室後就想打電話給我的二姊抱怨。

電話響沒幾聲就被接起，只是她的聲音才剛傳到，我的眼淚就不自覺流了下來。

那晚我其實沒跟二姊聊很多，主要就是覺得壓力大，覺得這份工作做起來並不開心，但又希望能經由這份工作實現人生願望。有在講話的時間不多，較多是我在啜泣與深呼吸的時間，但二姊無聲的安慰卻讓我逐漸恢復平靜。

有時候就是這樣，心原本被煩惱纏住，哭一哭就自動解開了。

隔天一早，雖然工作壓力還是在，但我知道其實自己是在為想要的未來努力，現在為夢想承受的不舒服，都是短暫的，只要能有計畫的朝夢想接近，目前的生活就值得努力下去。這樣想之後，我發現我也沒那麼討厭那份工作。

人生就是這樣，當你能夠告訴自己現在做的事情背後目的是什麼，你就會產生不一樣的熱情，就算那件事不怎麼有趣，你做起來仍然會很有動力。

比方說，學英文需要背單字與練習文法，學習過程通常是不有趣的，但培養起英文能力後就有機會可以認識國外的資訊、打開視野，自助旅行時能夠更深入接觸異國世界，這樣想想學英文時自然會有熱情。或者，加班並不是你想過的生活，但你知道這股在工作上的衝勁，有助於在職場累積更多的專業與表現，這樣想想一個人待在辦公室也沒那麼孤單。

有時候，我們確實會因為討厭現在的生活，連帶失去往前的動力，但更多時候之所以能夠得到想要的人生，也是因為你曾經嘗過討厭的生活，才知道喜歡的生活是什麼樣子。也因為你承受住做那件事情帶來的不舒服，才有更多資格說自己不喜歡那件事。

討厭考試，那就盡力把課業顧好，這樣你才有理由大聲說你不喜歡考試。討厭目前的工作，那就努力把現有的工作做好，這樣才不會一輩子都要做討厭的工作。

有人說：「選擇比努力重要。」但事實上，**沒有努力，你根本沒有選擇**。努力過後，至少你有資格選擇要不要繼續做下去，或是加把勁學習去做更喜歡的事。

就當作是跟自己約定，試著在現有的生活中灌注更多的熱情，從此朝夢想前進。與其為了活著而失去夢想，不如為夢想而努力活著，期待將來的自己過著現在也會羨慕的生活。

現在不嘗試，也許就再也沒機會了

艾・語錄

人生最考驗的，
不是遇到失敗，而是如何對抗失敗；
人生最漫長的，
不是碰到艱難，而是如何走過煎熬。

多相信自己一些，
許多考驗人心的事只要去嘗試，
會發現原比想像的還要簡單。

要說失敗不會帶來痛苦，那是不可能的，我比較認為是還沒採取行動，沒有行動當然不會嘗到失敗的痛。

失敗，雖然代表一件事情的結果，已經屬於過去式，卻會在後續產生負面情緒的漣漪，就好像撞傷後的隔天反而才開始全身疼痛。失敗後產生的負面情緒在平日並不常見，但只要出現就很容易讓人否定一切。好比期待落空的沮喪、懷疑付出的努力、忌妒別人的勝利、怪罪自己的無能等，這些情緒就像迷霧，起初用很慢的速度在前方散開，看似沒影響，突然就排山倒海的撲了過來，將人團團圍住。

沒有行動就沒有失敗，沒有失敗就不會招來痛苦，這是很多人遲遲不肯行動的原因。我們都習慣過著自己熟悉的生活，因為對那樣的時間與空間感到安心，覺得不用做什麼改變好像也是安然的活著。然而，待在舒適圈並不會讓人一直過得舒服，很多人是愈到後來帶著愈多的遺憾，常在心中念著早知道當初應該做點什麼。

面對尚未發生但可能的失敗，不知所措的焦慮感總是很快就產生，卻也是內心成長必經的考驗，是想要突破現況而無法避開的路程。若能克服，那將是一段告別無知、面對未知的轉變，然後在突破後遇見更強大的自己，最後發現原來還有更美好的世界等著自己去發掘。

其實，人會焦慮表示正處於不確定之中，遇到未知的事，選擇逃避視而不見或許心情很快能平靜下來，但也只是把焦慮這顆炸彈再埋回去，按下重新倒數計時鍵而已，之後遲早還是要為同一件事情煩心，周而復始的與煩惱糾纏。

想要消除不確定的感覺，付出行動反而才有用。人都是這樣，會把不確定的事情想得特別嚴重，但只要實際行動以後，就會發現那些都只是大腦中的小劇場，真實的自己並非如此弱小。

別看我現在輕鬆談著如何處理焦慮，直到今天我仍不習慣與焦慮相處，還是需要時間才能恢復平靜，只是我已經找到一種較能夠悠然面對的方法。焦慮時，我會先把尚未發生，但就是會擔心的事情寫下來，而不是讓它們一直盤據在心上。選擇先不要自己嚇自己，這是找回平靜的第一步。

我會在每張紙條上只寫下一件煩惱的事，然後開始思考各種可行的解決方法，想到什麼就馬上寫下來，先不去管答案有多不真實，能寫多少就寫多少，讓自己感覺一次只要面對一個問題，預備的解決方法卻有很多個，心情就比較能輕鬆看待，問題也就沒那麼可怕。經驗告訴我，很多事情還不到需要解決，光是寫下來就沒那麼擔心了。畢竟焦慮時所擔心的事，很大一部分只會停留在想像階段，並不是真的會發生。

也許，付出行動後無法完全打消焦慮感，但請記得：**不要讓自己陷在不確定感裡太久，如果你就此在問題面前停下，問題將永遠是問題**。你不見得要逼自己馬上跨過去，但也不應該在原地躊躇太久。等太久，難免有些機會就流失；不嘗試，有些機會可能再也遇不到。當你選擇逃避，問題只會徒生更多問題，選擇尋找答案，答案自會延伸更多答案。

很多時候，一件事的困難大部分是來自想像，真正會阻礙自己的，其實正是自己。別忘了，過去的你應該也是跌跌撞撞的在走，最後還不是撐了過來。凡事必定存在挑戰，現在能輕鬆應對的事，都是因為過往的努力才能克服。**即使現實迫使我們無法完成心中想做的每件事，但不代表我們就要放棄每件事**。

聽取自己的聲音，從中找出值得又想做的那件事，然後為自己重新燃起信心。面對挑戰，先讓自己勇敢的去闖，你會發現，少了「困」，事情真的就不再那麼「難」；多了信心，勇於嘗試更是找回自我的一種練習。

人生長短不是看你活多久，而是看你如何去活

艾・語錄

趁還有力量時，去突破環境給的舒適圈；
趁還有好奇心時，去看看未曾見過的世界；
趁還有勇氣時，去實現不會後悔的旅程；
趁還有夢想時，盡力活出最美好的自己。

別遲疑為什麼要這樣做，
因為人生的長短不是看你活多久，
而是看你如何去活。

其實，人生的意義從來就不只是活下去而已，而是活出自己想要的樣子。你過得好不好，要看你打算如何去過。

有次朋友問我：「何必把自己搞得那麼累呢？找份安穩的工作好好做下去，十年、二十年人生還不是一樣好好在過。」很多時候我被問到的當下，確實是有點啞口。

「是呀，可以好好舒服過的日子，何必擺在一旁不去過，專門找更難的事來做？」

然而也幾乎是在同一時間，我才又想起，天底下哪來安穩的工作、安穩的生活？日子會安穩，都是因為過去的努力不只滿足現在的需求，更是超越許多，所以每天的日子才會看起來安穩。畢竟能過著安穩的生活是一回事，擁有能力去過安穩的生活又是一回事。不少人口中的安穩，也可能只是長期不知所措下，讓自己安心的一盞燭光。

讀書時為了加快存錢，我跟自己約定要減少買飲料的次數，一年下來因此多存好幾千元。說起來，多存幾千元並沒什麼，但那是從出社會開始賺錢的角度來衡量。對一個學生而言，口袋多出幾千元可以做很多的事，何況我還成功克服掉令我難以抗拒的含糖飲料。那段磨練意志力的日子讓我領悟到，原來一個人只要真心想要，就有機會做到。

不就是這樣嗎？**很多時候你要得到比現在還好的東西，你需要的是先給自己更高的期待而已**。當你對自己的期待變高了，你就會付出更多的努力，雖然會比之前還累，但活起來卻也比之前還精采。

忘了是從何時開始，我每年會在十二月底回顧當年度做過的事。連續寫好幾年後，開始注意到雖然一年有三百六十五天，但往往只列出不到十個項目就把一整年做過的事情寫完，單算事件發生的天數也不過幾天而已。

難道其他的日子都在混嗎？不是，因為大部分時間我都有認真去計畫生活。還是，有很多事情沒完成呢？也不是，因為我完成了大部分想做的事。實際上，回顧時看似一年中只有幾天值得記錄下來，是因為列出的事情只在發生的那幾天特別具有意義，至於其他大部分時間，都是在為了輝煌的少數幾天做準備。事後回想起來，能記住的也就是那些特別去做，或是有特殊經歷的時間點。有人把那樣的時間點稱作里程碑，看起來也是這樣。如果沒有那些里程碑，串出來的人生似乎就少了點故事。

也許你沒有回顧每年做哪些事情的習慣，那就來思考這個問題。請問，過去十年你去過哪些地方旅行？最有印象的又是去到哪個城市？

接著，再想一下過去三個月看過哪部電影？

最後，再想一下你前天中午吃了什麼？

我經常用這種方法要大家考自己，得到的反應多數是要回想去哪些地方旅行很容易，近三個月看過哪些電影就有些吃力，至於要回想前天中午吃了什麼，馬上當機。

你懂我說的了嗎？活多久雖然重要，但更重要的是你如何去活。

我得承認，一成不變的日子有時是種享受，但如果是一成不變的人生就不見得了。況且一成不變有兩種含義，一種是完全不管所以日子就隨著漂流；一種是有心營造，所以生活才可以如自己喜歡的發展下去。

目標是把身體練得像運動員的人，跟只想到健身房流流汗、交朋友的人，兩者練習的標準一定會不同，平常吃的飲食也會有差。目標是征服各大山峰的人，跟在家附近登山步道散步的人，他們平時需要的準備與登山時的裝備也會完全不同。

簡單說，因為目標不一樣，對自己的期許也就不一樣。

想要變成更好的自己，沒有人說過程會很輕鬆，所以那些身材看起來健康，生活看起來精采的人才是少數。雖然秀出健康體態的照片有些刺眼，但絕不要因此否定他們背後的努力，還有承受訓練的毅力。

如果你也喜歡旅遊，接下來這段描述或許會讓你更有感觸。旅遊的經驗讓我體悟到，雖然去過的景點可以經由相機鏡頭而保存下來，但是旅途中快樂的回憶、特別的經歷、好吃的美食，日後不需要照片也可以在閒談之中聊出來。

拍旅遊照片是種紀念，過幾年後再拿出來都可以笑一下，不過能在平時喚醒回憶，讓人覺得不虛此行的，是在旅途當下聞到的氣味，景色在視覺上造成的衝擊，或是與同行友人在歡笑中產生的氛圍，是那些東西讓人覺得旅行值得，而不是在相機裡塞滿的照片。如果在每趟旅程中倉促而過，不去用心感受每個地方，你也只能說出去過了哪裡，卻沒辦法回憶去過的感覺。

正如同人生一樣，好好的去過才會不虛此行。

人生，過得有意義是因為你用心去活，也因為你用心體驗了，所以才叫人生。

常想年老，才是活得更年輕

艾・語錄

人會老，不是因為心態真的變老，
而是因為再也提不起勁，
去做年輕時想做的事。

一個人年不年輕並不是看他的年齡，
而是看他對這個世界還保有多少好奇，
對自己的未來還抱著多少期待。

庸人自擾是形容一個人本來好好的，卻自尋煩惱找麻煩。然而我覺得問題並不是出在沒事無端尋憂，而是在想完之後沒有付出行動，那才是徒生煩惱。如果能夠提早思考人生的未來，即使是先煩惱了，我相信未來也才有機會變成想要的樣子。

求學時，我的年齡比多數同班同學還小，曾經還碰過學弟妹年齡比我大的情形。不過我的心態在外人眼裡始終有些早熟，經常擔心未來會變成什麼樣子，常思考是否現在努力的還不夠。進入職場後，同事間偶爾也會這樣調侃：「怎麼才不到三十歲，想法就跟五十歲的人差不多。」

然而正是因為看似早熟，反而給了自己更多動力去經營好人生。雖然表面上是煩惱尚未發生的事，實際上我是在問自己：**如果想在以後過著滿意的生活，現在應該做點什麼？**

活在當下很好，過去已經過去，未來又還沒到，多數時間沒必要去擔心跟當下無關的事。只是有時候，我們會像誤觸開關一樣，突然之間失去往前走的動力，取而代之的是對過去的不滿，對未來的無助。這時如果還一直用「活在當下」作為擋箭牌，躲起來不肯採取行動，或是沉溺在娛樂遊戲裡，人生的時鐘反而走得更快，轉眼間三、五年就過去。

遇到困難，放慢腳步沒關係，甚至選擇休息也無妨，你依舊可以維持喜歡的步調前進，不需要因此而不顧一切的往前衝，勉強自己去做不喜歡的事，但絕對不要從此停滯不前。

嘗試站在未來看現在的自己，也是希望將來能夠不後悔。成長的方式有很多種，有些在事情發生的同時就會有所領悟，有些則必須等到事情過了很久，才會知道哪些事情對自己珍貴，當下並不需要急著找答案。只是，如果凡事都用「船到橋頭自然直」的態度面對也不行，那樣不只無法掌握未來，還會在現在就先迷失自己。

也許，目前的你對未來還不怎麼確定，也可能忙著應付眼前的現實，但請試著用五年、十年後的你回顧現在，那個人會滿意現在的你嗎？還是以後的你會埋怨現在的消極？無論結果如何，我們都不希望曾經的自己只有隨波逐流，而是有付出努力去造就美好人生。

另外，人生中的某些階段，付出的努力與報酬的實現兩者會存在時間差，而且還不小。好比要花很多時間等待某件事的成果：等待存夠多的錢去實現夢想；等待下一個升遷機會；等待某個對的人；等待成功機會敲響大門。此時，難免會看似一切都沒有進展，而當事情未能在預期時間內發生，人的心態就容易變沮喪。

但請記得，**一件事還沒有成果，不代表現在的努力就沒有用**。再妥善的計畫，還是要有妥協的空間。把自己逼得太緊，反而會讓前進的路太難走。維持住大方向、大原則就好，過程中可能是緩慢的走，可能是斜著走，也可能是不進反退的走，但只要確定目標該往哪裡去，底線要守在哪裡，所有的努力就不會白費。就算最終結果不如預期，你也因此多走了好幾步，變得比以前更好，比以前還認識自己。只要努力的方向正確，剩下的就只跟時間有關，而時間，沒有人可以掌握，唯一確定的是若你不再往前，最好的結果只會是現況。

人生常這樣，原本令人擔心的事，經過之後才發現沒那麼嚴重；生活中微不足道的小事，時間一久卻累積成美好回憶。所以，就算你對現在走的路仍然抱著懷疑，也千萬不要對自己失望了，只要你好好經營現在的自己，每個明天都會充滿最佳的可能。

常想年老，不是要人心態變老，而是把握現在可以努力的機會，累積更多能力打造喜歡的未來。知道將來該往哪裡去，想過什麼樣的生活，當下該做什麼事的動力也就產生。你會更專心的生活，去發掘更多有幫助的事，對未知的事物充滿好奇，對困難的挑戰抱著決心。

這樣的你，一點都不老，比誰都年輕。

大寧軒

CHAPTER 3

談成長

前進，是為了更好

別花上一輩子的時間，重複過著同一天的生活

艾・語錄

並非每件事都要有結果才值得去做，
能在自己想要的路上堅持就是種成功。

改變的路不論是長或短，
達成的關鍵都不是距離，
而是有沒有勇氣跨出第一步。

你曾經後悔過嗎？我想誰都有過。在經歷眼睛健康出問題與三十歲轉換人生跑道後，我體會出一個道理：為了什麼事情後悔都沒關係，重要的是在那之後你有沒有去做點不一樣的事。

即使已經離開上班環境，平時我仍會接觸到上班族，有些人很努力的想讓人生不一樣，但有些人卻是過著日復一日同樣的生活。

這其實是種很大的警訊。

並不是過著重複的生活不好，而是很多人是用麻木的心態在過。有些人能夠真心享受同樣生活帶來的安定感，他們在乎的不是工作能帶來什麼樣的成就，而是經由工作提供薪水給予家人安穩的生活。需要令人警惕的是，有些人明明不喜歡那樣的生活，卻少了點動力，或者說是決心，去奮而改變。

對許多人而言，這一生要走的路其實都差不多：出生後急著想學走路，跌倒時學會自己爬起；上了小學開始假日去上才藝班，之後成為大人口中叛逆的國中生；接著進補習班努力準備高中考試，再過三年就要搶著擠進大學門，志願則是以時下熱門的科系來排序。

好不容易畢業後，是否就會開始走向不同的人生模式？其實也沒有，大學畢業後找到工作，然後晚上加班，然後過著看似穩定的生活，然後覺得該結婚生子。平日每天拎著差不多的早餐進公司，晚上則是以主管離開的時間作為下班鐘聲，假日更是把握每分每秒好好休息與玩樂，希望能沖淡週一早晨的藍色憂鬱。慢慢的，生活開始失去了變化，每天、每月、每年所過的日子愈來愈像，一眨眼，人生已來到五、六十歲的門口。細數走過的日子看起來很長，其實用一天的變化就描寫完。

我常催促人省思：「十年後，你的生活跟現在會有什麼不同？」不是指住的房子，不是指開的車子，更不是指存款裡有多少錢，而是你真正的生活，十年後是不是自己想要的樣子。

可能是問題來得突兀，被問的人通常一時回答不出來，就算再多給十分鐘也是一樣。原因在於，有想過這問題的人實在不多，大部分是從來沒有。雖然每個人都想要未來有所不同，但很少人認真思考該如何做才能不同。

也許是怕麻煩，也許是不知從何開始，又或許是不敢面對。大多數人忙於面對現實，卻忽略一個更重要的事實：**想要有不同的未來，要先有不同的現在，你必須開始規畫未來要如何過，到時才不會覺得人生太短、不夠揮灑**。

每個明天都會變成今天的，有了計畫，我們的明天才會變成更好的今天。

人生，其實就好比一幅畫，顏料是這世界給的，塗上什麼顏色是由你決定。每天你都有能力在上面畫點什麼，雖然很多人會想左右你該怎麼畫、挑什麼顏料，但畫筆一直握在你手裡，顏色永遠是你在決定。

不需要完美的畫，就像不需要完美的人生。每天為自己多努力一點，每天多喜歡自己一些，學習放下過去不好的事，從今天開始，試著去畫出自己喜歡的人生，只要你願意，明天就會是重新開始的第一天。

你以為的困難，正是讓你邁向成功的摩擦力

艾・語錄

你現在擔心的事情，過幾天可能就忘了；
你現在做不順的工作，過幾個月就熟悉了；
你現在覺得難相處的人，過陣子也沒那麼在乎了。
並非那些事情真的改變，
而是你已成為更強大的自己。

生活雖然會讓人忙到都忘了怎麼過生活，
但它也能帶著你走向美好的日子。
不要放棄成為更好的自己，
一定要跟未來的你這樣約定。

想想看，如果我們活在沒有摩擦力的世界會如何？車子一啟動就無法轉彎、停不下來，被別人撞一下就退後幾十公尺，要拿起手機也滑溜溜的。沒有摩擦力的世界令人難以想像，因為我們幾乎沒辦法控制自己的行動。

如果把生活視為一條道路，**路上遇到的困難，其實就是種摩擦力。**

我的朋友小凱，正是利用人生的摩擦力，給自己人生更大的助力。差不多在全球景氣不好那一年，他上班的公司撐不下去即將倒閉，突如其來的失業敲得他措手不及，惶恐之餘趕緊到處投履歷，但景氣差時各個公司行號縮編都來不及了，更別說要引進新員工。就這樣小凱在家當了幾個月的無業人士，他還笑說若沒有存款支付房租，肯定去做遊民。

聽到當下我並沒有笑出來，因為我知道當一個人處於深淵時，只有自己有權利說他多苦，只有自己知道那段日子有多掙扎，也只有自己可以在重新爬起來後，嘲諷那一跤跌得有多狼狽，並笑著描述翻轉人生的日子。

遲遲找不到工作，眼看存款已經來到警戒線，逼得小凱想辦法在家接案子。好在，他原本的工作是跟網路設計有關，買了幾本架網站的書回家，啃一啃就開始上網貼廣告，試著在家接案。只是這世界可沒那麼好混，一個星期後連封要他報價的電子郵件都沒收到。

生活就是這樣，常逼得人走投無路，只為了讓你看見另一條光明大道。在生存考量下，他轉而思考有沒有其他方法可以吸引客戶上門。他回想起工作時學到的觀念：要讓人知道你的服務是什麼，要先讓人看見你的服務有多好。他想，既然要幫人架網站，何不先讓人家看見自己的網站？順著這想法，加上失業壓力的催趕，他馬上成立自己的網站，在上面大量分享網路設計的經驗，還有學習架網站的過程，毫不藏私把解決問題的方式分享出來。

此門一開，陽光絲線隨即穿了進來，沒多久小凱就收到第一張訂單。

「雖然只是一千多元的案子，而且花了我快一個星期才完成，但說真的，生平第一次對工作有那麼大的成就感。」他用著彷彿道盡人生的語氣說出這句話，聽得我深深著迷。

至今，小凱每個月都會固定接到網頁設計的案子，偶爾還會收到課程邀約擔任企業講師。期間也陸續開始接顧問案，不用自己動手做，只要定期給予指導就行。工作的時間變少，領到的酬勞還比上班時多。

生活中的摩擦力，遇見時經常讓人唉唉叫，卻也提供機會檢視自己是否走在想要的道路上。**因爲有摩擦力，你才能控制自己的人生；因爲有摩擦力，你才知道哪些人事物不適合自己**。它會給你打擊，減弱你往前的力量，阻礙你去想要去的地方，它不是個巧克力，吞下去會讓人心情變好，但種種看似負面的跡象，其實是要人停下來，用心思考目前的處境。如同自然界中不能缺少的摩擦力，讓我們能隨心所欲的停止、轉向、掌控東西。

能夠理解這想法，阻力，就能轉化成助力。只要是你想要的，那麼任何的負面摩擦力都無法把你擋下來，除非你選擇放棄。如果不是你想要的，負面摩擦力也能提供新的動能，讓人借力轉而選擇真正想要的道路，除非你選擇放棄。即使你現在感覺茫然，負面摩擦力也是要你停下來思考，周圍是否藏著新的機會，除非，你選擇放棄。

的確，人生道路上充滿許多負面摩擦力，財務上、工作上、事業上、感情上，問題難免會發生，也需要花不少心力克服，有時甚至讓人失去信心……但其實你也知道，它並不會一直存在，反而可以轉換成新的力量，讓你重新定位自己，重新掌管人生。只要不放棄，下一步都將會是新的開始。

遇到困難別轉身就逃，面對的苦難也就只在剛開始，久了總是會習慣，何不用心把握潛在的轉機。終有一天，你會發現這些逝去的不爽快，並不是負面的摩擦力，而是推著你不斷往前的最大動力。

有時拚命的跑，
只是想證明自己是那麼努力地活著。

不是事情的樣貌改變，而是你看待的方式不一樣。
你成長了，你不再糾結了，那些原本複雜的事，現在看起來都變得簡單。
時間就是這樣推著我們變好，沒什麼事情是過不去的，別放棄。

安於現況，很快就會被遺忘

艾・語錄

如果你發現每天都被相同的事給困擾，
你要期待的不是有一天那些事會改變，
而是期待有一天自己有能力選擇離開。

環境的改變，永遠不及你自己先改變。
環境要變好，充滿許多變數；
但自己要變好，只需要你下定決心。

不要畏懼現實給的挑戰，
把每一天都當作進步的跳板，
只要你持續鼓勵自己成長，
所有的事，一定都會漸漸變好起來。

從兩個人的故事講起。

婷媜從小功課優秀，不只得獎無數，還到處參加比賽獲獎，學期成績一直保持在班級前三，大學放榜後如預期般考取熱門科系，出社會後順利進入穩定的行業，完全沒有求職困擾。也因為工作收入穩定，銀行樂於貸款給她買房子。對於未來，婷媜早已計畫好何時結婚、生子，一切看起來就是如此順利。

小幼的際遇稍微不同，對學校課業雖不排斥，卻沒辦法像婷媜那麼得心應手。大學讀的並不是那種眾人聽見後會「哇喔！」的學校，但在半工半讀情況下也順利畢業，隨即進入流動性高的服務業，偶爾聽聞她有在存錢，卻不常聽她提起未來想做什麼。

故事講到這，若你覺得婷媜的一生會比小幼好，我一點也不吃驚。優異的成績表現、亮麗的大學文憑，加上穩定的職業，不到三十歲名下就有一間房，任何人都會相信她的前程是好到不行。

婷媜的前程是好的，但要說好到不行，應該只能說是穩定。至於小幼的生活雖然看起來有些掙扎，卻也沒有差到哪裡去。

我想表達的是，**在還沒有停下來之前，都不能小看人生這條路。**

人生總是充滿意外，有天小幼就用這個意外來展現她的改變：她決定飛到美國讀藝術設計。對周圍認識她的人而言，那是意外，但對小幼來說，似乎是早就計畫好的事。當時聽到這決定後，朋友都感到非常訝異，但也對她鼓起勇氣的決心感到佩服。畢竟一個女生，英文還不夠流利，卻有勇氣隻身前往美國讀書；更勇敢的是，她沒帶多少錢去美國，因為光是學費就花掉大部分儲蓄。原來，她打算之後靠打工賺生活費。

一年過去，聽聞小幼正為了生活與課業忙到焦頭爛額，卻也挺享受異國生活。很快第二年過去，聽說她開始到廣告公司實習，同時間準備攻讀藝術學院。

隨著時間經過，小幼的各種消息愈來愈多，關於她打工的趣事，認識新的異國朋友，假日開車到哪裡旅行，還有在學校裡的各種新鮮事。相對來說，婷媜的生活與工作雖然過得穩定，但生活中並沒有太多新鮮事，她也坦承一成不變的生活跟當初想的不太一樣，要放棄現在的工作又不知道該做什麼，加上她的行業已明顯受到少子化衝擊，生活壓力反倒與日俱增。

平心而論，婷媜與小幼都是認真生活與工作的人，只是有時認真並不夠，還要有勇氣認清，願意正視競爭的殘酷，當別人都在進步的同時，選擇停滯的人就會等著被時代超越。**人生的際遇無法預測，唯一能把握的是，你必須在當下為更好的自己做準備**。不論你是年輕，或是已經來到中年，都不該滿足於眼前穩定的生活與工作。

我因為定期在網路上發表文章，跟許多人產生了共鳴，所以不時會有網友寫信來請教人生該如何抉擇的問題。我得跟你說，其中有不少問題，就是他們突然失去一份看似穩定的工作。

原本以為可以依賴那份工作退休，原本以為房貸可以經由工作薪水還清，原本評估工作穩定所以生了第二個小孩，這些原本看似的穩定，都不及公司或主管因為產業變化而下達的人力縮減。房貸還是要繳，小孩還是要養，生活還是要過，可惜的是，薪水無法保證一定得到。

說到這，我並不是要傳達負面情緒給你，更不是要打擊你現在過著穩定生活的信心。擁有安全感的環境是人的基本需求，也是非常值得追求的事。可是我不得不提醒，如果太輕易滿足現況，那麼你可能已經在人生中按下暫停鍵，你不再想要成長了，不再期待變得更好了，你不再渴望遇見更優秀的自己，而競爭的環境卻從來不會因為你停下腳步，變得比較善良。

平凡，並非不好，但若是礙於環境限制而被迫選擇平凡，從此不再期待進步，那絕對要特別小心。改變的確是不容易的，當你面對未知的將來，選擇熟悉的過去真的很吸引人。然而，你之所以能有現在的成就，或是安穩的生活，正是過去的你願意努力；因此，想要維持這份安穩，你就必須保持前進。

別太早安於現況，試著從目前的生活中改變些什麼，試著去接受更大的挑戰，試著去嘗試以往害怕做的事。突破舒適圈會要人付出很多的辛苦，但希望你也能相信，之後它會帶給你更多的幸福。

這個世界還有許多美好的事，等你帶著勇氣去收集。

年輕時多吃苦，未來就不再怕苦

艾・語錄

寧可現在犧牲點休閒時間，
多加努力，
然後看著日子漸漸變好，
也不要未來犧牲掉休閒時間，
被迫努力，
卻依然煩惱日子何時才變好。

我喜歡看電影，每次在電影院看到有人睡著，都覺得有些不可思議，不過老實說，我在當兵休假時也經常睡倒在電影院的座位上，原因是太累了，甚至比我後來出社會當工程師時還累。

當兵時要管理上百人的部隊，加上本身個性又是一旦做了就會想做到滿意，因此那時身心壓力是外界無法想像，平時睡眠嚴重不足。

好處是，那段時間的高壓力，讓我後來出社會遇到許多工作上難解的問題時，都覺得壓力沒有想像中來的高。

印象最深的一次，是我在白天擔任值星官的同時，半夜又要兼任查哨官。值星官要負責安排連隊上所有的任務，查哨官則是要巡邏整個大營區的哨點，而我服役的部隊單位至少有三座足球場大，查一次哨都要花上兩個小時。通常來說，部隊不會安排值星官在半夜還要查哨，然而那次因為人手不足，營區上下具有查哨資格的人很少，因此我也就被安排進查哨軍官的名單裡。白天要打起精神管理部隊，晚上又為了查哨只能睡一、兩小時，那個星期完全是用意志力在撐。

固然體力耗盡，不過經過那次嚴峻的考驗後，往後只要碰到需要意志力與短暫體力撐過去的東西，我都不再擔心，覺得再怎麼苦的日子似乎也沒那麼苦；心想連最苦的日子都撐過去，遇到一般的苦反而還覺得有些甜。

我常鼓勵朋友們：「如果年輕時的你都做得到了，現在的你一定也行。」雖然說人類無法抵抗體力下滑的命運，就算再怎麼鍛鍊身體，終究身體的機能會比不上年輕的某時。然而，生活很多時候遇到的苦，並不是事件真的變更苦，而是我們對於苦的標準愈來愈低。

過慣有冷氣房的生活，突然換到烈陽下工作就變成再也受不了的事；吃慣餐廳的美味，突然改吃簡單料理就變成沒有生活品質的事；習慣開車的舒適，突然改騎機車、滿身是汗就變成是痛苦的事。然而，年輕時候的你，當初還不是騎著機車到處跑，學生時還以有台機車為傲？

年輕時的苦，可以是種勛章，是種高價值的禮物，當你接受挑戰提早嘗到再苦不行的事，這個勛章就永遠會印在身上。往後遇到類似的考驗，只要回想到身上的勛章，很多事情都會變得容易許多。據說，人一生會吃到的苦就是那些，不是年輕時多吃點，就是在老的時候多吃些，想來或許真是這樣。

不要看輕自己，太早鬆懈絕非有利的事，**要在自己還有能力與心力的時候，勇敢接受會讓自己不舒服的挑戰**。如果你現在面臨選擇，卻煩惱不知該選哪個，那就選擇會讓自己感到不舒服的那一個。因為人的潛力往往會在不舒服的環境中生長出來，在那之前很多的辦不到，都只是被想像、恐懼給限制住。

以運動競賽史為例，雖然十秒內跑完一〇〇公尺是非常高的門檻，然而若想在頂級大賽中奪得冠軍，跑進十秒內僅是低標。但你知道嗎？在一九六八年以前，科學界始終認為十秒是人類跑一〇〇公尺的極限，不可能有人突破。

人的潛力就是這樣，沒人做到不代表不可能，而且一旦有人成為典範，之後就會有愈來愈多的成功案例。自從短跑名將吉姆．海因斯（Jim Hines）以九秒九五跑完一〇〇公尺後，就有愈來愈多的選手也能跑進十秒裡。時至今日，單一年度超過十位選手在大賽中跑進十秒內已非新鮮事。

因此，如果你現在正遇到困難的挑戰，或是為了完成某個心願而犧牲生活，你一定要有信心的告訴自己，你是在把自己提升到更好的一個層級，現在所嘗到的苦一定會有報酬，而且只要你撐過去，未來就沒有什麼苦可以難得了你。

專心的活著，你的冠軍目標是什麼？

艾・語錄

只要確定自己想要去的地方是哪裡，
接下來的努力就都是累積了，
你也不用再擔心路上會遇到什麼，
因為這個世界將會聯合起來幫助你。

運動場上的競爭永遠是殘酷的，贏者全拿是很正常的事，第一名的榮耀往往是其他名次無法相比，冠軍的滋味也是後面的人無法體會，得到的獎賞、目光更是他們的數倍。

同理，如果你的一生只會完成一個最重要的人生目標，極可能那個目標帶來的成就與滿足感，會比實現第二、第三甚至加總到第十個目標都還來得多，而那個最重要的目標就是我所謂的冠軍目標。

當然，每個人一生中通常不會只完成一個目標。如同一名體育好手，從小學到大學再到業餘或職業競賽，每個階段都有拿冠軍的機會。關鍵在於當你有機會實現目標時，是否有盡力去爭取。

隨著時間經過，我們可以不斷設立新的目標或夢想，但隨著年齡走過，其中有些可是再也沒機會實現。這些目標就像要拿年度新人獎，一生只有一次的機會，若當下沒有盡力去爭取，難免會留下無法挽回的後悔。

擁有冠軍目標的人生，其實也是希望自己專心的活著。我們活在人擠人的時代，周圍有許多干擾人的雜音，因此不只是工作上需要專心，心情上更是需要專心。面對繁瑣的工作，你需要集中精神去做對的事；面對不安的心情，你需要集中心力在美好的事。生活會給予各種考驗，讓人更痛苦也可能讓人更快樂，把心情專注在能讓自己快樂的地方，隔天才有信心往前跨出下一步。

作家保羅・科爾賀（Paulo Coelho）說：「當一個人真心想要做某件事，全世界都會聯合起來幫他！」年輕時的我聽到這句話，內心充滿著好奇，更充滿著疑惑：真的有那麼好？全世界，或是身邊的人都會來幫助我實現夢想嗎？

後來隨著成長，我漸漸懂了，並不是全世界或是所有人真的都來幫助你，讓你不用費力就可以完成夢想，而是你會開始注意到周圍對完成夢想有幫助的事，那所謂的「全世界」，其實就是我們眼睛的「視界」，自己的世界。當你在心中設立冠軍目標時，對那目標的渴望就會促使你集中精力去完成，於是乎，整個世界都會來幫助你。

人生只有那麼一次，我們卻太容易受外來的干擾而失去專注力，不小心就把寶貴的時間浪費在不值得的地方。以設定冠軍目標的方式來提醒自己，也是確保正在往想要的方向走去。

看到這裡，不妨你也問問自己：現階段你心中的冠軍目標是什麼？也許是帶全家人出國旅遊，或是在重要考試上取得好成績，或僅僅希望三個月後達成想要的體態，讓家人品嘗親手做出的料理，這些都可以是一個冠軍目標，一個讓人往前的動力。千萬別以為只有遠大的目標才值得追尋，能夠開心的活下去其實就很不簡單。好好的想清楚，或是用紙筆把它寫下來，讓它成為你生活中的重心，推著自己專心的去活。

人生中的結果，都是經過一連串選擇而來，雖然生活可以有無限多種選擇，但生命畢竟只能做有限的分配。我們都要學會找出當前最重要的目標，集中有限的精力去實現，讓自己朝向沒有侷限的未來。

別羨慕他人薪水高，先看自己究竟妥協了什麼？

艾・語錄

你絕對值得過更好的人生，
但問題在於，
你是否用心去爭取過？

先別開戰，不要認為標題是打算數落人，如果你現在待的產業薪資福利不好，領到的收入讓人感到委屈，那不見得是你的錯，因為過去在學校的你，不，應該強調不只是你，很少人會知道原來出社會後，學校學的那一套並不管用，更別說入學時以為選了熱門科系，畢業後才發現無用武之地。然而，不論你對現在領的薪水或工作收入滿不滿意，有件事我一定要提醒你：你現在給自己訂的標準，是否有符合心中所期待的薪水數字？

我遇過一位工作夥伴，經常抱怨薪水不夠用，感嘆公司給的收入太少，與辛苦的工作內容不成比例。物價太高，誘惑太大，身為家中經濟支柱的責任太沉重，每月領到薪水一下就被帳單吃光。

若是以前的我，直覺想到他應該就是不太擅長理財吧，所以處在嚴苛的大環境下更顯辛苦，只是因為我跟他私交並不深，所以也不好意思直接說，畢竟給人建議要先秤一下交情有多重，交情不好還可能被認為是在擺什麼高姿態。但我仍然好奇，為何他覺得公司給的薪水不符合在工作上的付出，所以就默默觀察他平常工作的樣子。我曾經以為他缺少的是理財方法，或是缺乏上司的工作肯定，後來才發現兩者都不是。原來，他缺少的是領更高薪的工作態度。

在我還是上班族時，因為想求表現，經常是早上第一個進公司，或是晚上最後一個走。因此，同事們何時拎著早餐進公司，又何時離開辦公室，久了都有個概念在。

而那位不時抱怨薪水不夠的同仁，也是經常比大部分人還早進公司，離開的時候也比大部分人還晚。若單純論工作時間，他的付出肯定比多數同事還長，算是負責的人。然而，或許你跟我一樣好奇，這樣認真的人工作態度哪裡有問題？

觀察一陣子，我漸漸發現問題出在哪裡。原來他的工作內容並不需要花那麼多時間才能做完，負責跟他類似職務的人可以準時下班並非偷懶，而是處理事情比他有效率。

換句話說，他的工作能力不只沒有超出他那份工作的需求，還可能因為時間管理、工作流程出問題，只能勉強用更長的工作時間，來換取一個保住工作的機會。用薪水來比喻的話，如果一個人所負責的工作是月薪三萬元的職務，可是卻還不斷抱怨自己不該只領到那樣的薪水，要不就是他高估自己在那份工作上的價值，要不就是沒有競爭力去別處尋求更高的薪水。

只是說到價值，確實，每個人的價值都是自己給的，但如果是跟薪水有關，因為錢是公司發的，還是要思考你的工作價值符不符合市場價格。這樣說好了，如果只有一家公司、一位老闆沒有看出你的價值，那很可能是沒遇到伯樂，你應該試試其他機會；但萬一整個市場都看不見你自覺的價值，恕我直言，那可能就是你的競爭力還要加強。

看到這，有些人可能急著反應：「問題在於某些惡質老闆過度苛求員工，給低薪還要求做高薪的工作，沒天理！」壞老闆確實存在，但是，這不代表你只能默默承受惡劣老闆的壓榨。

如果不滿意目前這份工作與薪水，你需要的不是回家用手機玩遊戲或上網購物排解工作壓力，也不是在茶水間數落誰誰誰來證明自己，而是盡快規畫出逃脫計畫，為自己訂下更高的標準，透過不斷的成長提升競爭力，直到你符合更高薪水的實力。就業市場規則即是如此，要先具備更優質的能力，才能脫離老闆的惡質態度，這樣出走到外面自然會碰見伯樂。

不過，看似簡單的道理，許多人卻遲遲不肯去做。

老實說，我也曾有過，明明知道應該做什麼，卻任由現況將我鎖在原地。偶爾興致來了，或是被一個故事、電影給激勵後，就帶著很大的熱忱想要突破；寫好一些計畫，思考未來要做的事，然後期待接下來的生活會開始不同。

不過，接下來我的生活並沒有什麼不同，因為付出的行動不夠強大到讓我脫離舒適圈。於是，計畫就擺在一旁，想好的未來仍然是未來，沒有付出足夠的行動，生活一成不變只是剛好而已。

面對不滿意的現況，你必須誠實的問自己：**現在付出的努力、給自己的標準，是否能符合你想要的未來、符合你想要的工作環境？你現在的薪水，是否眞的對不起自己？**

還是，你已經漸漸在麻木的生活中，輕易的跟不滿意的工作妥協了？

若是現在的薪水真的對不起你，還等什麼，別一直屈就在那樣的環境裡。善良不是用在這時候的，能力足夠何需忍受那樣的不公平，只要你有實力，任何的大環境都是夠好的環境。可是若你知道自己其實還有許多的不足，走出去也不見得有更好的結果，那就多付出努力，去學點新東西，賞自己一個值得的未來。

無論如何，都請試著挑戰再難一點的工作，別那麼快就顯老，我們永遠比自己認為的還年輕，不應該輕易的就這麼停下來。累了，喘口氣，休息完後，繼續走。你的人生不會只有這樣，因為你期待的自己並不是那樣。

不用羨慕別人領的薪水更高，先想想要領到更滿意的薪水該做什麼事。往前，更好的自己一直在等你。只要願意，你一定可以讓未來的你，因為現在的進步而感到驕傲。

不是你太晚開始，而是你從不開始

艾．語錄

人生可以有無限多種選擇，
造就無限多種可能，
只是如果你從不開始，
那些選擇與可能，
都不會出現在你的生命裡。

點。

也許要跨出第一步真的太難，才會有那麼多人親手把夢想葬送在最初的原點。

會始終在起點觀望，花太久的時間去猶豫，多數是跟煩惱未知的事情有關。擔心計畫不夠周全，不斷想像各種阻礙，害怕失去原本擁有的東西。這些看不見、卻一直出現的負面情緒，經常疊成一座高牆阻擋著人前進。

但畢竟那些都是想像出來的恐懼，是大腦為了保護你的機制。它不希望你受傷，但不代表你的能力無法克服它。況且，很多成功的結果，都是經過不斷嘗試才得到，少有一次就完成，只要你願意不斷嘗試，就會找到更適合的方法。

「那麼，萬一行動後才知道方向錯了怎麼辦？萬一失敗了才知道不適合怎麼辦？」這是許多人共通的心聲，也確實是要思考的事。然而，無論是做對或做錯，成功或失敗，也是在你付出行動後才會知道的事。雖然選擇努力的方向重要，但是你還沒行動就在煩惱路會不會走錯，又如何知道哪個方向才正確？

沒有人天生就擅長解決問題，那些現在看來輕鬆取得高就的人，通常都是經過好多次的跌跌撞撞，才學會如何分辨適合自己走的路，學會如何在今天少受點傷，知道如何閃躲障礙，知道如何在平淡的世界裡找到改變的勇氣。

跨出去做點什麼，一定比什麼都不做還好。付出行動後，無論最終結果如何，都能得到更多的經驗值，就算什麼事都沒發生，頂多也跟什麼都不做一樣，但是付出行動後，你還有機會可以調整，然後不斷的嘗試，最終修正出邁向目標的路。**只要確定前方是想要的路，就不要再遲疑，有了開始，至少失敗時不會覺得對不起自己。**

有些人遲遲不肯行動，擔心的是再也回不去原點，失去原先已經不錯的生活。雖然無法保證，但事實上，人生很少會因為你做出些微的改變，就整個翻轉過來變得完全不一樣，讓你失去所有一切。若真是害怕回不去，那就設定截止日期，給自己幾個月或一年的時間嘗試，努力去做好那件事。就算期限到了發現真的不行，你也有機會重新開始。

此外，請丟掉完美的想法。當你陷入追求完美的心態時，一定要趕快把自己拉出來，除了它會讓你裹足不前，還會讓你在路上愈走愈沒信心。表面上看，追求完美似乎是種積極的心態，但其實也是暗示自己付出的努力沒有足夠的一天，不值得去享有任何成果。持續努力是要的，但如果你失去肯定自己的能力，喜歡的事很容易就變成討厭的事，然後放棄。

做一件事情要獲得成就，不見得是要事情如預期般順利完成，有所收獲其實就是很大的成就。用心的走，總是會學到很多以前沒學過的東西，這些都將成為你接下來的實力，讓你可以去面對更大的挑戰，解決更難想像的問題。很多事情就是這樣，當你埋首努力往前奔跑時，有天會發現原來當初一直認為克服不了的困難，早已被你遠遠的超越。

為自己設定夢想，有人覺得是不切實際的，所以有些人就放棄作夢，從不開始。其實，夢想的美好，在於想像它可以給人帶來力量，現實當然也有些殘酷，因為當人追求夢想時，情況往往跟想的不一樣。但那所謂的不一樣，只要願意去克服，就不會成為阻擋自己的理由。這個世界的殘酷，這個世界的美好，一直是如此，差別在於你得做出選擇，用行動去找到答案。

如果心中的夢想值得去追尋，就提起勇氣跨出第一步，然後鍥而不捨，讓成功更靠近一些，讓腳步跟上現實一點。當我們回頭時，或許還是會看到那些殘酷，但相信也會找到更多的美好，支撐著自己，繼續往前。

下次，當你想做一件事情卻發現始終沒進展，先問問自己是不是過於要求完美，是不是還在等待更多的準備，阻礙你實現夢想的是恐懼假象還是真的問題。記得，**別再想追求完美的開始，因爲從來沒有完美的開始，你需要的，就只是勇敢的跨出去。**

我們都在等一個機會，
記得機會來時別忘了要上車。

開始總是不容易，
但請勇敢的催促自己出發。

現在有多任性，未來就可以有多成功

艾．語錄

成長就是這樣，
總是要撞到些什麼，才會知道那有多痛；
經常在累了之後，才知道自己為了什麼前進。

也許，現在在你眼前的路，
還不是最好的一條路，
但只要你用心努力，
它就是一條不會後悔的路。

如果當時我沒有任性選擇自己想走的路，現在就不可能有機會寫書，每天埋首在寫作世界裡，過著自己喜歡的生活。

我是在二〇〇九年離開上班職場，前一年，全球經濟才爆發金融海嘯，大部分人都會珍惜自己的工作，我卻拋下穩定的飯碗，不只放棄優渥的薪資，還有令人期待的職涯。

雖然待在公司的時間約莫三年半，不過因為我一進公司就相當拚命，經常在辦公室待到最晚，用下班時間累積更多工作成果，又在隔天最早走進部門辦公室，提早進入工作狀態。加上把握機會成為全公司最年輕的講師，工作上積極的態度替自己在部門與主管心中掙得專業形象，更成為同期員工中升遷最快的一批人。說誇張點，當時真的是眼前一片大好光明！

之所以那麼努力，是因為我對生活與工作始終有種堅持，希望自己能因為盡力而讓事情往更好的方向發展。依稀記得剛進公司時，我就設定目標將來要做到管理層級，因此當我做不到幾年就提出離職需求，主管除了訝異還是訝異，也提出不少未來願景來慰留，建議我目前還年輕應該要考慮多一點。

但我還是任性了，打定主意就是要離開上班環境，因為我想做會讓自己快樂的事，縱使當時的薪資確實比外面好不少，但歷經眼睛發生的那場意外後，我知道我不該再讓想要的未來等下去。雖然我不確定離開公司是否會有更好的發展，但我願意給自己機會，願意給自己信心，我應該要出去闖闖，至少不要讓自己後悔。

這股任性，其實在我一進公司就派上用場。雖然社會新鮮人只能承擔基本工作，不過當時我一再提醒自己，除非經過思考跟判斷，否則別輕易相信前人無法解決的事情確實無解。我跟自己強調：別因為其他人試不出結果，就放棄自己嘗試的權利。

會這樣想，並不是我自視過高，我只是任性了點，希望因為堅持而能夠有更高的品質。況且，對一件事負責的標準是因人而異，同樣的事交到不同人的手裡，總有機會找出不同的地方再改進。

回想起來，有次的經驗可以表達我的堅持。那是我首次主導舊產品升級的研發專案，因此要負責技術文件的更新。當時我進公司才滿一年，因為表現積極加上部門快速成長，因此得到主持專案的機會，而對象是以注重細節聞名的日本國際大廠。為了提升客戶的信任度，我在撰寫文件時除了所有資料都要求更新到正確無誤，還仔細比對整份文件的標點符號與格式。我的想法是：技術文件是專業的正式文件，應該要用準備論文的心態來看待，才能符合優質的水準。

雖然我的主要工作內容是研發，但我也一度成為校稿的偏執狂。不只運用下班時間一再做測試，確保文件上的資料參數是正確的，還利用假日時間拚命核對文件格式，在電腦螢幕上一左一右比對新舊版文件的不同。最終除了校正數字，還被我找出許多段落與文字間多餘的空格，而這些都是前人更新文件時沒注意到的細節。

也許，對有些人來說這已經並非堅持，而是過於偏執。「不過這可是技術文件呀！」當時我心裡就是這樣想，而且又是要交到日本客戶手上。或許這份細心並不會被看見，但我肯定自己是看到了。

你應該也聽過：堅持，是一件事能否成功的關鍵。實際上，**要人堅持一件事情並不難，難的是能不能堅持到底**。當身邊的人要求你符合他們心中的期望時，你不會因為他們的壓力而失去追求自我的堅持；當你知道夢想需要時間去完成時，你不會因為別人的風涼話而放棄心中的堅持；當你在逆境中承受前所未有的苦難時，你不會因為一時的跌倒而不再堅持。

或許，當你努力投入一件事，而且也堅持很久很久的時間，最終結果仍然不如預期，但你一定也會發現，只要在過程中堅持付出最大的努力，就算事情沒有變好，你也早就因此成長。

努力，或許不會有最好的結果，但一定會有更好的結果。而持續努力，有天這個更好的結果，也會超越過去某段時間所能做到的最好。

堅持下去，堅持到底，只要那是你想要的事，就不要因為批評與質疑，停止追求更好的可能，也不要因為灰心，而失去原本想改變的動力。往前走的路上，最可惜的就是你否定原先熱愛努力的自己，只是要知道，勝負的成敗往往不是看你做了什麼、得到什麼來決定，而是過程中你因此變成什麼樣的人，更重要的是，你是不是也喜歡那樣的自己。

堅持成為更好的自己，這可以是種自己才懂的任性，這股堅持到底的任性也將會持續陪著你，慢慢變成追求更好的韌性，把自己帶往更卓越的人生。

163

CHAPTER 4

談堅持

你的努力，正在幫你收集幸運

你的努力，正在幫你收集幸運

艾・語錄

有時，我們會為現在做的事感到困惑，
懷疑很多事都在跟自己唱反調。
然而生命也不斷的告訴我們，
當下堅持把事情做好，
日後總有天會在某個地方得到回報。
不一定是在同個領域，
但它就是會出現在某個時間，
用著不一樣的方式，回過頭來支持著你。

而你現在學到的、看到的、體會的，
都會在那一刻證明，
過去的努力有多值得。

在寫這篇文章前，我很少跟人提起這件事：能夠考取研究所，我一直覺得自己很幸運。

雖然在測考之前，我已經確定考上其他學校的研究所，自己也因為過去一年的努力準備，有信心大部分報考的研究所都有機會錄取。不過，後來選擇就讀的研究所在我報名的科系裡是數一數二熱門的學校，不只報考人數之眾，參加的考生也非等閒之輩，相信都在過去花了大量時間苦讀。簡單說，這場考試競爭激烈，想要爬上榜單並不是努力準備就有，它確實需要點運氣。

而我的好運，就發生在考試的前一天，我從成千上萬的參考書題庫裡，複習到一則隔天考卷上的題目原型，而且因為那道變化題目運用的觀念非常靈活，是屬於高分題，如果我沒能正確解答，或許結果就只是落榜。

「這實在是太幸運了！」走出考場後我雙手握拳，心中默默的興奮起來。不過我也沒忘記要給自己掌聲，畢竟這股幸運是我自己收集而來。

這就要提到考試前一晚的故事。

因為考場位置並非居住地，所以考試前晚我就跟一起準備研究所的同學入住學校附近飯店。大家都還是學生，為了省經費，所以是兩個人住一間。而跟我同住的是另一位有機會錄取的同學，他也很努力準備這次的考試。

照理說，考試前一天要找個安靜的環境，好好坐在書桌前複習筆記。然而，旅費實在有限，我們只能入住飯店最基本的房型，房間內沒有提供專心讀書的地方，因此我只好找個角落，把筆記本與原文書打開來複習。只不過，也許是入住飯店的新奇感，此刻另一位同學卻是躺在床上，開始看起電視來了？

「你不用準備喔？」

「會呀，不過先休息一下。」

稍微點頭示意後，我隨即戴上耳機進入自己的讀書世界，不過說實在，當下我的心思也受影響而飄走。正所謂大考大玩、小考小玩、不考不玩，大考前一天不讓自己過度緊繃，聽起來也沒錯。我心想，是不是應該放鬆一下才不會太緊張？否則晚上睡不著更慘。

「不行！我不能讓自己過去一年的努力有所後悔。」此時我想起當初決定考研究所時跟自己下的約定：無論放榜結果如何，我都要付出全力走完這趟旅程，不讓自己有後悔的藉口。那一瞬間，我心中響起了舒伯特〈鱒魚〉這首古典樂曲，在當時這首是我最喜歡，最能讓我感到平靜的音樂。趕緊播放那首樂曲後，我把視線重新挪回到筆記本上。

找回了冷靜，或者說找回了堅持，我就開始照計畫繼續複習筆記，思緒也漸漸平穩下來，能將心思專注在基本的解題觀念上，也因此複習到令我倍感幸運的題型。而我那位朋友，在經過兩個小時後，還是躺在床上拿著遙控器。

大約過一個月，學校正式放榜，我名列正式錄取的名單，而同學的名字未能出現在上面。

如果要探討幸運是否掌握在自己手裡，心理學博士李察·韋斯曼（Richard Wiseman）的一份實驗報告經常被人提起。他找了一群人作研究對象，並請受試者依過往經驗判斷自己是「幸運的人」或「不幸的人」，然後依此將受試者分成幸運組與不幸組。

接著，他給每個人一份相同的報紙，要求受試者算出這份報紙上的照片總共有幾張。有趣在於，幸運組成員平均算出正確刊登照片量的速度，明顯快過不幸組，有些幸運組的人甚至花不到五秒鐘就算出來了！

原來，並不是幸運的人眼睛特別厲害，而是韋斯曼博士偷偷在報紙中藏了這段話：「別算了，這份報紙總共有四十三張照片。」而這句話被大多數幸運組的人找到，不幸組之中很少有人發現。因此韋斯曼教授分析，所謂的幸運，是跟自己當下的態度有關，並非全然是運氣的關係。自認不幸的人往往因為心理影響，過於拘泥在某種情況而設限自己。相比之下，自認幸運的人比較開放去尋找不同的機會、嘗試不同的選擇，不輕易侷限自己的發展，也因此遇到更多世人認為的幸運。

固然，能夠有美好日子是因生命中摻了點運氣，但大多數是因為你專注在對的地方，然後肯付出行動，堅持努力，才有成為幸運兒的機會。

對每個人來說，未來會變成什麼樣子，大部分都是跟自己平時付出什麼有關。多數人想要過值得的生活，不少人卻把時間花在不值得的地方上。要知道，每一天都是一種累積，每一份努力也都可以幫你收集到更多幸運，而那些成功者背後，往往也帶著不為人知的努力與堅持。

有時候，我們會擔心前面的路是否正確，停下腳步又怕被現實給淹沒，不知不覺，開始懷疑，只好持續被推著走。

也有些時候，我們會煩惱做一件事違反別人的期待，卻又不甘心放棄自己的希望，不知不覺，開始迷茫，最後把人生大部分的時間都用在徬徨上。

其實，明確的康莊大道很少會出現在人生裡，唯有走過之後你才知道適不適合。而且幾乎肯定的是，只要你努力走好當下每一步，沒有什麼路會是白走的，沒有什麼力會是白出的。不經歷那些，永遠不會知道討厭什麼，也就不會知道喜歡什麼。

別對現況輕易低頭了，更別對未來輕言放棄。**你的努力不是要做給其他人看，而是爲了超越自己，爲了預約更好的未來，爲了收集屬於你的幸運，然後與更好的自己相遇**。也許不會是現在，但也會是在生命中的某個時刻，你會感謝過去的自己，因為堅持，而能有今天，因為努力，而能如此幸運。

別學一個人有多成功，卻忘了學他有多努力

艾・語錄

你得先向今天誘惑你的事情說「不要」，
才能在明天遇到有價值的東西時說「我要」；
得先靜下來思考你要的是什麼，
才能在機會出現時集中心力去把握；
得先費盡千辛萬苦的努力，
才能在關鍵時刻看起來毫不費力。

人生就是以這樣的方式成長，
原本以為自己先犧牲了東西，
後來才知道，
那是達成人生願景的必經過程。

網路的侵襲，讓我們無時無刻都可以接收別人「成功」的訊息，總能看到某某人士登上雜誌封面，或是哪個名流參加的品牌發表會照片，畫面中的人看起來既愜意又開心，生活閃耀著光芒。重點是，又有錢。

「真希望我也能那麼好命。」這樣的想法很多人都有過，我以前也是。只是後來在不同領域裡，接觸到愈多成就卓越的人，愈發現他們「真實」的那一面並不是這樣。

認識L時他已經是個成功的上市公司業務主管，身上集滿世人定義成功的標籤：出入以名車代步，房貸剩不到幾年就還清，是公司未來的高階主管人選，而且年齡才剛滿四十歲，體態看起來卻像二十多歲。

「是人生勝利組，肯定是。」我想很多人一定是這樣想。我得承認，一開始我也是如此安慰自己。

之所以打消對L的偏見，是某次在兩天的課程中相遇，當時授課老師要求學員在第二天課程要上台成果發表，題目是以課程主題或相關內容做延伸。因為報名的人本來在職場上都有一定的經驗，所以聽到要演說發表時並沒有發出

「蛤？」的聲音，反而有些人還特別興奮。也確實，到了第二天下午，幾乎每個人的演說都如同一堂精采的演講，大家除了上台發表，坐在台下時也是猛抄筆記學習別人的智慧。然而，L的演說卻讓人特別印象深刻，而且是一開口就深刻。

「好穩的台風，而且口條如同主播報導般流暢。」他第一句話下去時我心中就舉起十分的牌子。演講過程節奏分明，口語跟簡報內容完美配合，就連笑話哏都特別好笑！

伴隨著如雷掌聲下台，幾個同學在課程結束後又再當面稱讚他一次，閒聊之中才知道他昨晚為了準備演講，第一天課程結束後就熬夜準備到凌晨，早上八點就先到現場模擬走位。

我想那一刻大家都意會到了，他的成功並非偶然。

小茹則是我另一位好朋友，即使年過三十歲身材還是保養得非常好，很多學生時期朋友見到她的稱讚都是：「哇，妳身材很好耶！」可想而知這句話聽在她心裡有多高興，然而接下來這句話就不一定了……

「真好，怎麼吃都吃不胖。」

「如果我是在二十歲時聽見這種稱讚方式，完全不會反駁，因為確實如此。」

小茹私底下跟我說，大學時真的怎麼吃都可以，即使一天到晚把雞排、滷味、烤肉塞進肚裡，體重仍然穩穩停在相同數字，頂多正負零點五。那次聚餐時才知道，現在她一年吃鹹酥雞的次數不超過五次，晚上也幾乎不吃油炸類的食物，吃東西前也會特別注意營養標示，會估算吃進去的熱量然後選擇比較有飽足感的食物。除此之外，她每週至少運動三次，每次都超過五十分鐘，而且是背部全溼的那種。這對三十歲前沒有運動習慣，三十歲後依然討厭運動的她來說，簡直像完成極限大挑戰般難得。

「那麼辛苦，還不就是為了維持想要的體重與身材。」她如此說。

你不妨觀察周圍在某個領域很厲害的人，或是生活中看起來自在快樂又同時有超凡成就的人，他們身上總會散發少見的光芒。然而表面看起來輕鬆，並不代表背後就沒有努力，事實上，他們還可能比其他人更努力，更拚命過著每一天，只是他們很少會讓人知道過程，通常是直接讓人看到結果。

有句話我記得很清楚：「並不是成功的人都不抱怨，而是他們很少在別人面前抱怨。」這並非是要人追求無敵正向樂觀，而是了解只顧著抱怨的負能量，並無法帶人到想要的地方。

遇到現實，總有無奈，人生不可能完全不抱怨，只不過有些人是見人就抱怨，有些人只向能理解他們有多努力的人吐苦水，否則到處抱怨只會被人說不懂得知足，明明有很好的成就還抱怨人生。可想而知，一個人的成就，其實是來自後面看不見的累積，至於伴隨而生的光芒，也是因為他的努力才被看見。

隔了一陣子又遇到L，才知道他再不久就要被調派到海外，掌管企業子公司一整個業務部門，而且很有機會將來成為總經理。

以年紀來說，實在很難相信如此年輕就有這樣的機會，但他說其實那是他毛遂自薦的，而且在兩、三年前就開始認真規畫。雖然他的業務表現頂尖，但若要跟那些海外留學回來的人競爭，外語能力絕對不能輸。因此，他每天上班前、下班後，都會抓緊時間練習英文，直到某次與客戶開會，他全程以英文簡報的方式取得客戶的信任，他想，也可能就是在那時，一舉得到大主管的信任。

通往成功的路，仔細捉摸有很多條，但打造的方式其實都很像，靠的就是一點一滴刻意的去累積。今天存一點錢，明天存一點錢，有天就會發現原來已經存了那麼多；今天寫幾個字，明天加幾個段落，不知不覺就完成一本書；今天背一些單字，明天學一些文法，有天就能用外語來溝通；今天做好這件事，明天做好另一件事，有天手上工作就變成無法取代的專業。

命再好，還是會遇到難走的路；命再差，還是能夠走出自己的路。並不是別人的路都很好走，其實大家的路都不好走，只是走著走著有些人會放棄，有些人則是繼續。

至於天生優勢，或許存在，但不是比自己成功的人都是靠優勢，千萬別忽略那些成功背後難以想像的努力。天底下沒有遲到的努力，只要願意開始，接下來的人生肯定不會辜負自己。

別只學一個人有多成功，因為那個成功是他自己拚來的，你不一定學得會，學到了也不一定開心，但一定要學著多努力，這樣你就會有專屬於自己、旁人永遠拿不走的成功印記。

沒有天賦又如何？沒有努力根本不會有天賦

艾．語錄

困難的事，可以分出想努力跟想放棄的人；
麻煩的事，可以分出願意做跟只抱怨的人；
一年的時間，可以分出有目標跟沒目標的人；
十年的時間，可以分出有夢想跟沒夢想的人。

人生就是如此，不論大事或小事，不管生活或工作，
要不要突破舒適圈的決定都會掌控著你我，
結果也幾乎隨之決定。
影響關鍵在於，
你聆聽的是心中排斥短暫不舒服的聲音，
還是想要日後更舒服的人生。

小時候我的作文不好，每次只要考試或是上作文課，我都會有度日如年的感覺。每當稿紙發下來，我總是盯著如梯子般的綠色格子發呆，完全不知如何將文字爬上去，手上雖然握著硬筆，心裡卻是一片空白。

「實在佩服那個○○○，怎麼能寫出那麼多東西來？」這種想法不知出現在我心裡有多少次，常在作文課時邊想邊往周圍的人看去，那些擅長作文的人已經埋首專心寫作，正享受在文思泉湧的浪潮上；不過也有不少同學跟我一樣，一副看起來就很苦惱的樣子，我想我們都懂不知如何下筆的感覺。

對於寫作的天賦，我從小就沒想過跟我有任何關係。

其實不只是小時候，一直到現在我仍確定自己的作文不好。如果現在給我一隻筆及一張稿紙，然後再訂出作文題目，恐怕我還是寫不出什麼東西。

不過，等等！你現在不是正在看我寫的書嗎？有點難以啟齒，對於用「寫」的作文我真的不擅長，但如果改成用電腦「打」的，我就會活在不同的寫作世界裡。而這也是我踏上寫作之路的契機，有趣的是，我在三十歲前根本沒想過有機會寫書。作文就是不好嘛！怎麼可能有機會出書？

大概是在二〇一二年，我開始投入大量時間寫作，當時我的腦海裡並沒有出版書的可能，心裡想的只是把個人心得與人生經驗發表在網路上。因為理財是興趣之一，所以寫了很多理財文章，生活有感觸時，就會再寫些跟人生與成長有關的事。或許是因為從小害怕寫作文的陰霾，起初很擔心寫那些東西會不會丟臉。不過想想網路世界就是這樣，沒人看，就表示沒有傳出去嘛！給自己壯膽後就繼續寫了。

開始對寫作產生莫大的興趣，是發覺好像有人會固定閱讀我的文章，而且人數有增加的趨勢，不時也看到有人轉貼舊文，電子信箱也開始收到讀者特地寫給我的信，說我寫的內容很好理解，給他很大的幫助。但不騙你，我在信中讀到這些話時，都是自動把肯定句改成疑問句就是。

誰叫我作文成績從來沒好過。

經歷一年多練習寫作，我才慢慢相信作文成績差不全然是我不會寫，只是不太擅長用手寫。也許是個性不夠有耐心，不然就是記憶力不太好，用手寫時我心中有很多想法要表達，但思緒總來不及從腦袋傳到手上就消失，常想著是不是該吃銀杏。而且因為作文不好，連帶我的國文成績也是所有科目裡最弱，雖然藉口有些牽強，但我真心覺得有時英文句子還比文言文容易理解。

自從發現原來我寫的東西是對讀者有幫助後，我就抓緊這細小的信心繩索，開始安排固定時間寫作，從一、兩個星期寫出一篇文章，逐漸變成一個星期一、兩篇文章，再到現在每天都會要求自己寫些什麼，一方面滿足我自己對於寫作的好奇，一方面開始經由文字來認識自己。只是畢竟用寫的跟用說的不同，文字對我而言還是陌生的事，所以我也開始接觸更多的寫作技巧，從各大作品中學習表達一件事情的各種方法。有趣的是，原本我排斥的國文領域，竟也因此有了鑽研的興趣。

不過說到口語表達，雖然我很早就有機會上台演說，還曾經有人稱讚我天生就會講話，但其實我也是經過一番努力而來。

雖然在學校時跟人打屁聊天都沒問題，可是開始上班後我卻發現一件事，怎麼只要上台或站起來發言時，原本心中想表達的內容都蒸發掉了？更不用說如果輪到我負責當簡報講者時，事前準備的東西更是沒辦法在眾人面前完整表達出來，不然就是在快輪到我發言時，心跳加快且手心冒汗。

為了克服這樣的恐懼，我去報名溝通訓練班。那是一套為期數個月的課程，每堂課程都會有設定主題，要求參加學員上台發表，然後在當天課程結束時公布下個星期的主題，要大家回去準備。

「每個人每次都要發言，這有點花錢買罪受。」這是我上完第一堂課的想法。不過錢都繳了，怎麼能浪費呢？因此我想到一個絕妙方法：我要在每堂課開始演練時，第一個舉手自願上台。

這要多大的勇氣？但其實，我並不是要培養自己的勇氣，我也不是真的很勇敢，我只是想：「如果我是第一個發表完的人，那接下來就可以輕鬆坐在台下，專心享受別人的故事啦！」我後來把這方法取了個名字，叫「第一個舉手的獎賞」。百試不厭，下次你也可以試試。

也就從第二堂課開始，只要輪到學員要上台時，我都會第一個舉手搶著分享。要知道取得這個獎賞沒什麼難度，因為根本沒人想跟你競爭！有次老師問完誰要先上台時，一看到我「又」舉手時，雖然我不懂讀心術，但老師表情明顯就是：「怎麼又是你！」

數年後，換成我有機會站在台上演講、授課時，總是感謝台下第一個願意舉手提問的人，因為他給了其他人開口的勇氣，我也盡量留更多的時間回答第一個問題，回饋給有勇氣先舉手的聽眾。回想起來，當初溝通班的老師會有那表情，應該是很開心我又來做破冰的人。

在經過舉手發問的練習後，我發現站在台上變得比較自在，連帶能輕鬆分享準備好要表達的內容，那些心中想說的故事，還有過往的生活經驗，也都漸漸在與聽眾的互動中分享出來。

寫了那麼多，我想說的是，**我相信這世界是有天賦的，只不過大部分生活中所見的事情，需要的並不是天賦，而是全力以赴。**

也許你對做菜有很好的品味，但如果沒有努力學習切菜、配料、調味技術，就無法成為一位好的廚師。也許你對寫作也有興趣，但如果沒有努力充實閱讀、練習寫作，就無法將內心的想法表達出來。也許你有副天生好嗓，但如果沒有努力精進歌唱技巧，你就無法駕馭較專業或感情較深的歌曲。

這世界沒有無緣無故的成功，那些看似很有天賦的人，背後都是透過一而再、再而三的練習與努力所撐起，專注在想要的領域鍛鍊，堅持做喜歡的事，不斷的在重複的事情中精進，變成卓越。

到最後你會發現，**所謂的天賦，其實是貴在努力，貴在堅持，貴在即使面對千般萬難的阻礙，仍然不放棄去做喜歡做的事，這種拚勁，才是最重要的天賦。**

沒有什麼理所當然，每個成長背後都有說不完的用心，
當下看也許是痛苦，回頭看總變成禮物。
我們能做的，就是在過程中努力的活著，
在未來變好之前，先用最好的自己迎接每一天。

改變靠的不是瞬間，是時間

艾・語錄

一開始你只是努力想變好，也不知道自己會有什麼改變，
朋友也沒察覺你的變化，你就是獨自拚命著。
漸漸的，你笑得愈來愈開心了，
看事情的角度更正面了，言談之間展現更多的自信，
此時周圍的人才發現你變了好多，
但其實你已經堅持了好久。

改變就是如此，需要先花很多倍的時間一個人努力，
其他人才會注意到你的不同。
所以堅持下去，有一點點的進步都是種肯定，
只要不放棄當初想變好的心，
時間一久，人生就會充滿更多美好的事情。

我的體重曾經跟現在差了十五公斤，而且還是在短短半年就膨脹起來，多出來的重量也幾乎集中在上半身，而且我的臉型從小就是走圓滾滾路線，年輕時戶外活動多、熱量消耗的也多，所以臉型在視覺上的變化影響不大，但是當體重多出十幾公斤後可就明顯了，整個人的臉是圓的，肚子也是圓的，只能用像個生意人的福態來安慰自己。

身體開始吹起來是在我離開職場後不到一年的事，當時正忙著創業，每天都把精神、時間投入在經營事業裡。原本出社會後就減少的運動次數也完全停擺，倒是愛吃美食的節奏可從沒停下來，加上因為是創業所以給自己更多的期許，本來只會偶爾透過吃來釋放壓力，開始變成兩、三天釋放一次，然後是一天，最後是每餐。

很多事情就是這樣，每天一點點的不同難讓人察覺，等到發現變了很多也已經太晚。漸漸不相愛的感情關係是，麻木過著不喜歡的日子是，直線上升的體重當然也是。況且人在過了三十歲後，少掉的不只是青春，更是新陳代謝的速度，在動得更少、吃得更多、代謝更慢的情況下，短短半年多出十五公斤根本不費吹灰之力。

說真的，要不是褲子買的尺寸愈來愈大，以前喜歡的衣服再也穿不下，讓我心疼錢花得有點浪費，不然我覺得那時的外型還挺討喜的！畢竟環顧同年齡的朋友，身材好像也歷經差不多的膨脹過程，相形之下體重上升反而是種流行。原本對上升的體重數字毫無感受，真正點醒我的是這件事：我感覺比以往還容易疲累，走沒幾步就開始喘……

我開始害怕下滑的體力再也追不上我的夢想。

人在生病感冒時，總是特別懷念生龍活虎的自己，這就是健康的重要。當你失去身體的掌控權時，才會知道健康幾乎是一切。

也差不多是在變重的那一年，除了體力明顯下滑，身上也開始長出各式各樣的溼疹。說是「各式各樣」一點也不誇張，因為常常在擦完皮膚科的藥，好不容易把某種溼疹壓下去後，另一種新的溼疹就接著冒出來，霸著身體開起新的派對。那時因為夏天經常要往外跑，所以只要身體一熱起來，這裡癢、那裡癢的折磨讓我好難受。原本以為夏季轉秋季後情況就會舒緩，可是並沒有，而是又出現另一個折磨人的皮膚發炎症狀。

除此之外我感冒的次數也變多，就算是非感冒季節也常跑診所報到，而且都是在外出去到人潮眾多的地方後，回家過幾天就感冒。漸漸的，我開始有點排斥出門，因為感冒晚上睡不飽，或是白天頭痛的經驗令人難受。

很明顯，我的抵抗力早已開始下降，而體力不足也開始讓人力不從心，對於追求更好未來的動力不再強烈。

讀過好幾篇跟運動有關的文章，再經過好多次的掙扎後，我決定該是重新動起來的時候。

起初我只是固定在家開合跳、原地跑步，一天花差不多十分鐘的時間，圖得就是每天多流點汗，然後讓自己放心去吃下一餐。後來培養出運動習慣後，我轉而去尋找變化較多的運動方式。當時網路上有很多燃脂運動的教學影片，我就隨便找幾個開始鍛鍊自己。

這一練下去不得了，我發現當時的身體跟老人沒兩樣。

常見的燃脂運動都會分低、中、高不同階段，能夠漸進增加運動量跟心跳速度。然而別說是中、高階，一開始我連最低階的都無法全程做完，跳沒多久就臉紅氣喘，彷彿已經運動好幾個小時，可是影片中教練一派輕鬆的樣子提醒我其實才跳不到十分鐘。說實話，我是很有心的，每次都想硬著頭皮跳下去，但想到生命還是很重要也就按下影片停止播放鍵。

說身體像老人般不為過，因為那幾個星期只要我有運動，隔天下床肯定要經過一番掙扎；手腳痠痛，肩頸痠痛，全身都痠痛，從床鋪走到浴室的路變得特別漫長。

這也是為什麼，當時每到傍晚的運動時間，我都會不自覺東摸西摸的原因，因為想到痛苦的運動過程與隔天的痠痛，實在很難提起勁來。不過我還是一次又一次的撐過去了，不知不覺跟著影片跳的時間也愈來愈長。隨著我每天的運動量增加愈來愈多，我的體重數字下降的也愈來愈快，慢慢的我追上年輕時候的自己，陸續完成低、中、高階的燃脂運動。

現在仔細回想，這過程其實跟人生真的很像。

人是很「念舊」的，碰到要改變的事都會依依不捨。只要學新東西或是主管交代新任務，心裡都會先產生不想做的念頭，除非被形勢所逼，不然會主動去改變的人也是少數。然而很多人都有過這種經驗，現在手上不到一小時就能做好的事情，幾年前首次接觸時也是花上一整天的時間才完成，而且做出來的品質不比現在。

從不會到會，從好到更好，其實每個人都是這樣慢慢過來的。

開始習慣每天跳燃脂運動後，我的體重不到一年就回到原本的樣子，以前買的衣服也都能再穿回來。看到自己體態變回來，心中也萌生想要變更好的動力。在那之後我又對自己下挑戰書，我開始舉啞鈴健身，身體也慢慢從偏瘦到精實。直至今日，我的體態已經來到人生中最好的時候，比年輕時的我還健壯，體力還要更好。

我常覺得，人的未來就好比黏土，形狀長得怎麼樣跟自己現在如何捏它有關。只要用心去捏，抱著每天鍛鍊的心態向更好的自己挑戰，未來肯定會朝向喜歡的樣子去變化。

沒有一個舒適圈是不需要痛苦就能突破，沒有一個成長是不需要付出就能擁有，沒有一個夢想是不需要努力就能實現。想要變成更好的自己，一定要先挑戰過去的自己；想要擁有更好的未來，那就把握每個現在，去做不想做、不敢做、討厭做的事情，接下來才能看到全新的世界。就算你都是一個人在奮鬥也沒關係，努力讓自己變得更卓越，之後即能享受別人看到你蛻變的驚喜。

人生就是這樣，願意在今天鍛鍊，然後在明天堅持，不用去細數自己走過多少困境，只要持續朝著想要的生活前進，時間自然會把想要的生活帶到眼前。

——有天你會感謝當時的自己這麼努力，在這複雜又糾結的世界底下，沒有放棄去過自己想要的生活。

就算是微不足道的小事，用心去做也能成大事

艾・語錄

方向是對的，
就不需擔心何時才能走到，
用心一步一步慢慢走，
反而可以更快到。
別害怕自己沒能力達成目標，
只要你能做好小事，
一定能做好每一件事。

電影《刺激1995》中，被判冤獄的主角花了十七年的時間，每天用一根小湯匙挖著牆壁，最終在牢房裡挖出一個大洞，成功逃出戒備深嚴的監獄，成功為自己的冤屈找到解脫。

雖然是電影，卻有幾分真實。

很多時候我們渴望完成一件大事，卻因為好高騖遠，被困在眼高手低的世界裡。殊不知能完成大事的那些人，都是從專心做好眼前的小事開始。

雖然聚光燈通常只照在完成大事的人身上，但不代表他們一開始就是如此受到關注。**若是沒有經過小事的累積，就不會看到大事的成績。**

把小事做好，也意謂著先思考哪件事對你而言最重要。畢竟生活中處處可見小事，有些很重要，但似乎不用那麼急著去做；有些一點也不重要，卻非常吸引人去做，因此不少人就持續在做較不重要的事，永遠把最重要的事擱在一旁。

有時候，我們會因為目標太大而不知道該如何著手，甚至心生無法完成的恐懼，下意識就不想做了。這也是要學會做小事的原因，凡所有大事都可以化成一步步的小事，至於難易度，做好小事絕對比做好大事來得簡單。

打個比方，在我的工作室有個書櫃，專門放著會重複翻閱的書籍，每格裡面都塞滿著書。因為空間已經不夠，所以有些類別的書只好採取平放方式一本一本往上疊。已經發生好多次了，我想查閱的書正好被壓在一疊書的下方，而我為了省時，總試圖直接將它抽出來，結果不是費了好大的工夫抽取，不然就是整疊書崩塌下來散落一地。

後來懂了，其實最好又最快的方法，是乖乖的把上面的書一本一本先取出來，想要的書自然出現在最上方。這道理其實跟完成大目標一樣，需要一定的步驟去完成，過程才不會因為急躁而搞砸事情，或是進度不如預期而感到灰心。

學習做小事，也可以幫助自己克服恐懼。心理學家班杜拉（Albert Bandura）曾經透過實驗讓怕蛇的人在短時間內跨越恐懼，運用的就是一步、一步克服內心的恐懼，進而敢觸碰蛇。

班杜拉會先讓實驗對象隔著玻璃觀看房間內的蛇，習慣後接著再帶他們到半開的門口外看蛇，最後再讓他們帶上安全裝備輕碰蛇，就這樣多數測試者最後成功克服怕蛇的恐懼。班杜拉傳達的核心觀念相當簡單：每次都讓自己離心裡抗拒的東西再近一些。

很多時候我們也是這樣，明明知道將來有件重要的目標應該要現在行動，卻又不知為何提不起勁去做它。此時改採一步、一步把小事做好的方式，進度自然就累積起來。就算當下覺得那件事沒什麼了不起，它也會在未來的某個時候幫你一把，成為助力。

生命的每個階段，都會有不同要擔心的事，也都有覺得跨不過去的煩惱，特別在遇到抉擇時刻。當然，不會每次結果都令人滿意，但關鍵在省思、練習、推自己一把，以完成一件又一件小事的節奏，突破心中抗拒的舒適圈邊界，進而成長。

一次，只要往前一點，沒有人要你一步就到位，就算是小事，只要持續去做、去累積，終能成為一件大事。突破恐懼也一樣，當我們選擇面對它、接近它，最終能夠突破它時，恐懼就再也不是阻礙，反而是支持自己產生更大動力的靠山。

能持續做好小事，其實就是一件不得了的大事。只要你能做好小事，相信也就能做好每一件事。

做困難的事就像是走隧道，
黑暗只是開始，光明會在盡頭。

就這樣，一步接一步，走向想要的生活。

人生很長，但沒有長到可以浪費青春

艾・語錄

不要勉強自己接受不喜歡的生活，
你的青春不值得這樣耗盡。
你可以抱怨，但不應該持續抱怨同一件事；
你可以生氣，但不應該一直被相同事情給激怒；
你可以留下繼續面對，但不應該是被迫而無法選擇離開。

如果不滿意現況，那就付出努力去做點什麼，
若是環境無法改變，那就先讓自己變得更好。
你的人生不應該被其他人掌控，
只要願意給自己機會，你將發現，
走出去還有更廣大的一片天空。

M是一位工作上的舊識，許久未見的碰面與他開始聊起近況。

「最近在忙什麼？有什麼計畫嗎？」我好奇的問。

「老樣子，你也知道，就一樣的工作。」雖然我不意外會得到這樣的回答，不過知道沒有新的發展引起我更多的好奇。

「離職那件事咧？你不是想嘗試不一樣的工作。上次聽你在電話裡說有家公司在挖你。」

「喔，對呀！你竟然還記得。不過我一提離職的打算，公司就開始慰留，主管還說要加我薪水。考慮了一下，這份工作也算穩定，而且環境、同事也很熟了，雖然每天還是一堆鳥事啦，但勉強過得去，就繼續待著了。」

聽完之後，我替他高興，畢竟加薪是好事，值得開心。只不過，有個隱憂我在當下沒說出口，眼前的他跟我以前的印象有點不同，人感覺是變穩重了，但似乎少了點光芒。

M有別於其他人，剛認識他就能感受到職場少見的活力，屬於那種初次見面就可以跟人打成一片的人，外加反應快、夠積極，專業表現也令人信服，因此上司與客戶都喜歡他。之前私下聊天時常聽他提起，有機會要出去闖一闖，或是在三十歲前就升到公司主管。雖然多數人都希望透過努力而爬到更好的未來，但M就是那種讓你相信他一定會辦到的人。雖然不曾聽他談過什麼明確的計畫，但只要提到跟未來有關的事情，他的眼神即充滿期待，全身散發著熱情，讓人毫不懷疑他口中說的事情會成真。

然而，有熱情是件好事，但如果始終沒點燃東西，熱情往往經不起時間的考驗，就像沒澆水的盆栽，不知不覺就會枯萎。前一次碰面時我就發現M似乎跟過去不太一樣，話題不再熱衷於談論未來，鮮少暢談心中想做的事。取而代之的是，更多對工作的不滿，對環境的埋怨，還有對現實的無奈。直到我們最近一次碰面，他已失去提起未來的動力。

「到底是什麼原因？讓原本的熱情消失了呢？」回家路上這疑問不斷在我心中響起。「被公司慰留後，會後悔沒有把握當初那份新工作嗎？」

你是否曾想過，目前為止人生最後悔的事情是什麼？

美國紐約街頭就曾出現一塊黑板，上面斗大標題就寫著類似的問題：「你人生中最大的遺憾是什麼？」底下則是滿滿的空白留給路人填寫。

即使公開寫下內心話需要莫大的勇氣，但仍有些人因為好奇而靠近那塊黑板，接著拿起粉筆開始沉思起來，最終也愈來愈多人寫下自己懊悔的事。

「我後悔已經浪費太多時間，懊悔過去拒絕太多機會。」

「我後悔沒有去完成自己想做的事。」

「沒有去申請想要的學校。」

「沒有對你說『我愛你』。」

「沒有去追求我的夢想。」

「我有很多事情想做，但我總是找不到時間去做。」

「事情都計畫好了，但……但就是沒有行動。」

「我後悔一直待在舒適圈裡。」

「時光就這樣流逝掉了，這是感覺最糟糕的事，不是嗎？」

總結來說，策畫這活動的團隊發現，大部分人寫下的遺憾都跟這三件事有關：覺得自己沒有獲得足夠的機會、沒有勇氣說出自己的心聲、沒有把握時機追尋心中的夢想。

「相較於後悔曾經犯過的錯，多數人更後悔的是，那些原本想做卻沒有去做的事。」這是心理學家根據路易斯・特曼（Lewis Terman）發起的訪談實驗延伸出的結論，人們真正會後悔的都是沒有去做某些事。無獨有偶，作家布朗妮・維爾（Bronnie Ware）曾經直接接觸安寧居家療護，她深入訪談那些生命已來到尾聲的人，發現多數人在臨死前都希望當初有勇氣去做自己想做的事，而不是依照別人的希望去做別人要你做的事。

生活中，我有不少機會跟人碰面、聊天，深入討論工作與生活中的事。言談中聽得出他們對現實的無解、對工作的無奈，期待某天能有突破現況的機會，卻也發現他們一直陷在自己所設下的思維陷阱裡不肯出來。

其中，最大的一個陷阱，就是認為自己的時間還很多。

雖然常聽到人生七十才開始，人的壽命也會愈來愈長，代表我們有更多機會去完成更多的事。但是，即使人生很長，也不代表長到可以恣意浪費青春。

想擁有渴望的人生，活出該有的精采，關鍵不是你最後真的得到了什麼，而是你打算何時付出行動，在過程中有沒有付出全力，是否有付出應有的代價。也許要經歷生活的挑戰，承受別人的調侃、旁人的不解，偶爾還要低聲下氣面對現實，但這一切都不該是因為你覺得人生還很長，放任自己不去行動。

大部分人都知道自己每天走在通往何處的路上，卻少有人真的會去改變方向，都是要等到前方看不見路，或是來不及了，才後悔當時沒有下決心。所幸，機會還沒消失，如果你現在心中有任何想要做的事，趕緊跨出第一步，前方的路再難走，只要確定是想要的，就不要再遲疑，只要有經過努力付出，任何的結果都能坦然接受。

人生或長或短，都不是用來浪費的，應該是用來闖蕩的，是用來為熱愛的事情努力的，是讓自己在即將走到生命尾聲時，你可以有信心的跟自己說：這輩子，沒了遺憾，不虛此行。

有天你會跟自己說：好在當時的我那麼努力

艾・語錄

每個人都有倦怠的時候，
但其實這是一種考驗，
是要證明你已經準備好擁有更多，
擁有一個更棒的開始。

桌子其實是個有趣的物品，當一個人長時間、固定頻率坐在桌子面前為某件事努力，往往是處於改變人生的階段。準備重要的考試，一張書桌陪考生度過多少夜晚；晚上加班完成一個又一個專案，凌亂的辦公桌成為升遷的戰場。然而，正也是那麼多個獨自拚搏的夜晚，外加與不確定成果奮戰的疲累，因此容易對自己產生懷疑，對未來感到迷茫。

誰都不習慣站在人生的十字路口中央，面對未來，我們都沒把握該如何做出正確選擇；面對未知，我們都不擅長勇往直前。然而，卻也是那股不確定感始終在瀰漫，讓人激發出更大的能力，從不知所措到突破現況，找到更好的自己。直到有天回頭看，才能驕傲的說，當初走過那段艱辛的路，就是成長。

也許有些人感到疑惑：「萬一選錯路了怎麼辦？」「萬一走到盡頭才發現沒有出口怎麼辦？」「萬一我的人生就此白費，旁人嘲笑我怎麼辦？」也幾乎就在當下，你失去上一秒還在的熱情，開始跟自己說現在的努力不會有意義。

其實，**有意義的人生很少是瞬間出現的，通常是經由好多個事件不斷的交集，慢慢互相疊加後的成果**。今天看似無意義的事情，在往後的人生階段或許變成關鍵的引子，當初的努力就會成為感謝自己最好的理由。

面對不確定的將來，努力把手上的事做好是最佳的方法，然後從中學習能帶在身邊的能力，讓它變成你往上成長的台階。或許你不會馬上找到答案，但肯定比徬徨而不知所措的無力感來得好。努力不代表要把自己繃到最緊，適當的壓力是可以讓人更強大，但超過則會讓你的健康承受不起。用心從中學習就好，不輕易對困難說放棄，總有一天，你投入的努力會轉化成屬於你的實力。就算生活從外表來看仍然一成不變，事實上你也已經在累積蛻變的動能。

往後的日子，你還是會遇到阻礙，你依舊會感到疲倦，只是沒關係，也別擔心，人並不是機器，不可能無窮無盡的努力下去卻不累。停下來休息或放慢腳步都是種調整，只要記得，**當人在突破自我界線時，一定會受到阻力而退後一點，而那種後退，正是要讓你拉出助跑的距離。**

一定要記住，產生放棄念頭的當下，正是考驗你能不能過關的時刻。只要值得的事就要撐住，更要不斷提醒自己，這時就算腳步放慢也不要停下來，當你願意持續下去，看似突破不了的界線就會被你跨過去，然後你又會感受到成長的喜悅，生活又再度變得更好，目標又會變得更清晰。這不是玄虛的空談，我描述的是一段很多人都有的真實經驗。

如果凡事都很順利，當然不會有人抱怨生活很難，但事情就是這樣，過程不會一路順下去，考驗人心的正是遇到麻煩的時候。隨著你持續努力，挑戰也會愈來愈大，這並非運氣不好，這才是真實的人生，需要有決心跨過阻礙，才會得到更大的獎賞。

有一天，你會感謝現在沒有放棄的自己，謝謝此時的你那麼努力在過日子，所以直到那一天，才能讓自己過著夢想中的日子。

ようこそ岡山へ

CHAPTER 5

談相處

那些藏在人與人之間的微妙

別只關心忽略你的人，卻忽略一直關心你的人

艾・語錄

不要把關心用在一直忽略你的人身上；
也不要一直忽略那些願意關心你的人。
這世上沒有誰有義務要對另一個人好，
在乎如果只維繫在單一方向，
彼此關係很難長久。

重要的是，別無止境的消耗那份關心的額度，
因為當額度見底時，
很有可能連再見都聽不到。

先不論吸引力法則存不存在，我知道每當遇見想法或個性相近的人時，都會覺得那個人較好相處。

人一生會不斷遇到新的事物，與過往融合成新的經驗，慢慢堆疊成獨有的個性。因此，要在茫茫人海中遇到知音是多不容易的事，難怪當身邊出現個性、想法皆相似的人時，總會覺得特別開心，相處起來更加輕鬆。

不只是我們對別人的期待，別人對我們的期待也一樣，會希望遇到頻率相同的人，期待彼此是好相處的那一位。

不過，這世上有著形形色色的人，大部分人很好，有些人卻很壞，當那些人對你做出傷害情感的事，心中多少會埋怨對方的不好，怪罪對方為什麼如此差勁。但有時候，**並不是別人刻意要那樣對你，而是你允許別人如此對自己**。

圍繞在我們身邊的人就像是面鏡子，如果朋友圈中同一種性質的人愈多，表示大家的性質愈像。喜歡戶外運動的人，常會聚在一起討論下個景點要去哪裡；喜歡在室內放慢步調的人，常約的就是要到哪一個地方坐著閒聊。同樣，不喜歡怨天尤人的群組比較常互相打氣，愛抱怨的人會常聚在一起埋怨事情，想講別人壞話時會先去找願意一起說壞話的人，經常玩弄感情的人也容易遇到不認真看待感情的人。這些行為並沒有對或錯，而是那個樣子你自己喜不喜歡。你之所以會跟好朋友那麼像，也是因為你喜歡用那樣的自己去面對其他人。

因此，**想要別人怎樣對待你，自己就要先成爲値得被那樣對待的人，這樣才會吸引到也願意如此對待你的人**。你必須多關心自己，別人才會想關心你；你要先尊重自己，別人也才知道要尊重你。換句話說，如果你不認真看待自己的夢想，別人也不覺得要肯定你的夢想；如果你不重視自己的人生，別人也覺得沒必要重視你的一切；需要時你不為自己說話，以後別人也不會想再聽你的心聲。

雖然，並不是你對別人好，別人就會對你一樣好，但是若連你自己都覺得不值得那麼好，別人就不會覺得要對你好。這些都是相對的，你不需等到對方先做了才開始做，先讓自己變好，自然會吸引到更多也想對你好的人。

坦白說，人與人相處，沒有人希望自己因結識朋友而變糟糕，通常是在相處之間尋找共通的頻率，希望雙方都能因此更加成長，或是過得更開心，誰都不希望自己只是在取悅別人。

沒有人有義務要對另一個人好，若有人想盡辦法釋出好意，不見得是那個人沒有安全感，而是背後有各式各樣的情緒，或許是愛、是關心、是看不下去、是要拉近距離，是希望彼此關係能因此朝更好的方向前進。

所以，**當一個人努力對你好時，請不要覺得理所當然，因爲那些好的背後，只有眞心付出的人才懂。**

我們都該學會，做好自己的同時，仍對其他人保有應該的尊重，而不是凡事都要別人配合，強迫對方照自己的規則共處。遇到跟自己不合的人，保持禮貌上的尊重就好，不需要特別巴結，也不需要刻意疏遠，更不用慫恿其他人排擠對方。你不想要的，別人也不會想要；你希望受到尊重，別人也會希望；你理直氣壯，別人不一定覺得理所當然。維持該有的圓融不是指到處討好，而是懂得在不同的場合做好自己份內的事，你給了別人該有的空間，別人也不會刻意來打擾你。

哪怕是遇到不講理的人處處衝著你來，也不用氣得跟他爭論誰對誰錯，更不要想盡辦法搞懂那個人為何討厭你，你主動釋出善意是沒什麼問題，問題在於那樣的人或許根本不重視他人的好意。畢竟，我們自己也不可能喜歡所有的人，所以保持距離也才能保護好自己，至少不要再讓自己被這樣消耗下去。如果別人一直背對著你，就別拿自己的熱臉再貼過去；如果別人一直挑釁，毫無反應往往是更強大的反擊。

也許這一切聽起來太複雜，做人好像不該那麼累。但其實這可以比想像中簡單，一切只要專心過好自己的生活就行。試著用喜歡的方式去過每一天，從容的面對生活中各種挑戰，你自然會成為更開心的人，周圍也充滿更多好的事物。只要這樣認真的去過好每一天，即使幸運之神現在沒有眷顧你，未來的你也會好好報答你。

人生道路上，每個人都有不同的方向。
看似依循一樣的步調，但終究每個人都要回到自己的家。

到站了。有人上車，有人下車，有人匆忙的走，有人悠閒的晃，
每個人都以自己想要的方式在生活，彼此不用刻意打擾，你我都是為了更好。

懂得傾聽，是為了更貼近彼此的心

艾・語錄

「你有在聽我說話嗎？」
這句話的意思不是真的想知道對方是否有聽見，
而是想確認，
彼此的心是否有相連。

如果要我選擇人生有哪些學分必修，我會把「溝通」列在清單裡。想想，我們一輩子會遇見多少人，又會開口與人交談多少次，懂得溝通的竅門，人生一定會快樂不少。

說到溝通，很多人直覺想到說話技巧。坊間也有很多書在教人說話，如何把話說得讓人心動、讓人欣賞。只是，溝通不是談判，並不是要說服別人跟著自己去相信同一件事，而是要讓彼此在意見不同的事情上產生共鳴。學會把話說得漂亮是有幫助，但那不是溝通的唯一重點，很多時候學會傾聽，反而讓溝通更順暢。

傾聽，我覺得關鍵是在「傾」，「聽」才是其次。傾向從對方的角度去聽一個人說話，這是傾聽最重要的事。換句話說，**傾聽意謂著將自己的心交給對方，把自己放在說話者的角度看事情。**

不論是愛情還是友情，彼此會有爭執，許多時候並非不懂對方在說什麼，而是擔心自己的話沒有傳到對方心裡，擔心自己珍惜的東西不被重視。畢竟相處再怎麼久的人，依舊來自相異的家庭，有著不同的成長背景、價值觀，想法中一定會存在沒有交集的地方。此時在談話中學習傾聽，才能夠了解彼此的不同。

學習傾聽，有時也表示你能體會對方想表達的事，而不是只聽到表面的意思。一個人跟你說他很累，可能是想表達他有多努力，他對夢想有多堅持；一個人說他現在很幸福，可能是想邀請你沉浸在那段珍貴時光裡；一個人說他對某件事感到氣憤，也許是想知道你是否有一樣的看法，希望能因此找到同一陣線的戰友。當然，需要經常猜測的關係無法維繫很久，但是在一段健康且互惠的關係中，大部分時間只是需要你站在對方的角度想一下，並不是真的要你猜測對方的每句話。

誠然，學習把話說對也是需要的。有時候無心的一句話，就可以擾亂別人一整天的心情；該開口表達時還繼續沉默，日子久了也會讓彼此的關係變得愈來愈沉重。在適當的時機說出該說的話，也是人生必要的練習題，但目的絕不是為了奉承對方，而是讓彼此關係能夠走得更遠。

除了聽跟說，溝通時表情與眼神的回應也很重要。很多人應該都有過經驗，當你在跟人講話時，若對方正好在忙其他件事，或是眼睛正盯著手機，因為在對方身上搜尋不到關注自己的信號，所以會忍不住想再說一次，確保對方真的有聽見。因此，與人談話時，也記得要用眼神與表情適時回應對方，讓對方安心知道你是有在聽他說話，若當下有急事非處理不可，就先向對方表達暫時無法回應，讓對方知道你有在重視他想說的事。

一段關係，彼此從陌生到結識更深，剛開始兩方都是先各自彈著不同的節奏，唯有透過互相傾聽才能找到一致的節拍，譜出的曲子才會有共鳴，關係才會長久。這並非表示某一方缺少主見，而是主動邀請另一方，在更好的未來相見。

吵架時，一定要先放過自己

艾・語錄

不要在對方開始冷淡時，
才發現彼此間缺少了什麼；
不要等對方已經轉身後，
才抬起頭想要留住腳步。
無論在親情、愛情還是友情裡，
忽略都是件需要提防的事，
因為當它明顯到被發現時，經常已是來不及。

我們都要在儘早的時候，
學會珍惜一直在身邊支持你的人，
而不是在痛過了以後，
才知道自己在乎的是什麼。

不只是愛情，當一段關係走入更深的階段後，吵架就變成感情濃密度的試紙。覺得對方是重要的人，因此會把更多的期許加在對方身上；原本只有自己在乎的事，也開始希望對方跟著在乎。當原先來自不同生長環境的彼此出現觀念上的分歧，爭執在所難免。此時，誰先退一步，往往成為一段關係中看起來微不足道，卻是影響雙方願不願意把心再次交出去的關鍵。有時，主動讓步還會被拿來當作誰比較愛誰、誰更在乎對方的依據。

確實，每段關係中都需要有人願意先退一步，彼此的誤解才有得解，彼此的不合才會變得契合。然而，要在吵架中先退一步需要多大的勇氣，因為那代表先低下頭，即使你仍然在氣頭上。也因為先承認自己在爭執中說出口的只是氣話，委屈解釋自己當時不夠冷靜，先退一步的人似乎就成為輸的那一方。

只是，人與人之間的相處，並不是職場上的競爭，彼此也不是人生中的敵人，並沒有爭輸贏的需求。真正會讓人感覺到輸，都是因為我們沒有先放過自己。

吵架或爭執，除了代表意見不合，還可能是感受到自己的過去被人否定。以往你一直深信不疑的價值觀，卻要因某個原先陌生的人而退讓；本來在家裡被父母當作寶貝照顧，卻因為另一個人而無理被糟蹋。這就是為何當雙方吵架完以後，抱怨與懺悔之聲會不斷在心裡拉扯的原因，一下告訴自己這次要讓他知道你有你的堅持，一下又心疼對方會不會被氣話傷得太深。而情緒，就一直在這之中不斷打轉，愈想愈煩。

不願先退一步，有時也是新的爭執讓人回想起過往某段舊關係中不好的經驗，提醒了你曾經因為一再退讓而受傷，才會在新關係的爭吵中決定要好好保護自己。

別把自己掐得那麼緊了，你不一定要成為先退一步的人，但你一定要成為放過自己的人。**放過自己不代表你做錯什麼事，而是告訴自己不該再被糟糕的情緒給困住，不拿吵架時產生的壞情緒來折磨自己，不再讓過去壞事的殘影吞噬掉現在的你。**

放過自己，才能放下爭執中連你也不喜歡的倔強，重新把願意關心對方的那個你給拉出來。此時，在乎的焦點會從誰對誰錯，變成雙方如何從意見不合變成互相了解。有了這層的轉換，先提出和好的那方也就不再是認輸的一方，而是讓對方知道此刻的心情已經稍微平靜，接下來一同把不好的那些留在吵架裡，讓彼此更好的關係從吵完架開始。

人一生會遇見好多的人，能夠在人海中彼此相遇，成為重要的夥伴，或是有機會成為戀人，之中總要帶點幸運，由此得來不易的密切關係更是值得珍惜。只不過，無論兩個人再怎麼熟悉，身上還是有些習性要花時間才能了解，從相知到相惜，從認識到認定，之間也是經過無數次的難以理解才換來。

學習如何收拾吵架的情緒，而不是讓爭執產生的壞氣籠罩自己，只要對方並非是想消耗你的人，你也能感受到對方在乎你的溫度，提出和好就是為了關係變更好。而看似退一步的那方，其實反而成為邀請的主人，希望兩人的感情能夠加溫，彼此用更好的自己，陪著對方走向更好的未來。

美好人生不是計較出來的，而是計畫出來的

艾・語錄

覺得誰比誰好，
計較誰應該比誰擁有更多，
誰比較在意誰，
其實都是種過於擔心所產生的匱乏。
與其煩惱自己這輩子只能這樣，
不如就從現在開始把握改變現況的機會，
計畫出更好的人生。

計較是種藝術，多了會讓人覺得不好相處，少了又會讓自己覺得委屈，過得不開心。

雖然人生有很多事情不用計較，長輩也常提點做人不該太計較，但有時沉默過了頭，你之後想再說什麼，其他人也不在乎了。如果是關係到自身權益，特別是在職場環境，明明努力的人是你，卻被沒出力的那位搶走功勞，適時的計較也並非無理。

然而，若只是單方面計較誰好誰壞、誰比誰有資格，執意要分出個輸贏，處處仗著討公道的名義跟人爭論事情，動機很容易就因此失焦，從原本打算追求更好，變成非得要分出誰對誰錯。

碰到有人做錯了，或是不想看到事情變得更糟，若對方是個能夠接受好意的人，互相提醒是可以互相成長；倘若對方並不是喜歡接受指正的人，保留點距離才是較好的方法。畢竟，每個人學習的方式都不同，有些人喜歡聽取他人的經驗來調整，有些人則是要遇到麻煩的教訓才會反省；有些人會跟你講道理，有些人只相信自己那套道理。這並非誰比誰優秀的意思，而是不同的人有不同的成長方式罷了。遇到不喜歡接受建議的人，在那邊煩惱該如何跟對方開口，還是把時間留給自己比較有意義。

工作中如果跟表現有關，是屬於你的就該去爭取，但如果在人生中經常計較，覺得誰誰誰憑什麼過著比你還好的生活，覺得上天為什麼那麼不公平，真的，這樣你只是不斷在傷害自己。幸福的生活其實很難用表面來衡量，並不是用賺多少錢、打扮多漂亮就能定義出來。

一個人幸不幸福，終究只有當事者知道，並不是表現的幸福就真的擁有幸福。對於幸福的標準每個人也不一樣，對某人來說的幸福，可能是另一個人的枷鎖。**活著，與其浪費時間計較誰過得比較好，不如好好計畫如何提升自己。**如此一來，心情會比較好過，未來也才會真的好過。

面對別人刻意來計較，也千萬別陷入你爭我奪的處境。別人說什麼，別人怎麼想，並無法知道背後的意圖。有些人是希望你失敗，有些人是期待你被嘲笑，有些人是懷著惡意的糾正你，而有些人則是刻意說難聽的話，只為了讓你在眾人面前難堪。他們的目的不是要解決你的事情，而是要消耗你的心情。

雖然很難受但還是要有勇氣承受，除非你自己允許，否則這些人的話、想法、念頭，永遠無法改變你的內心世界。別人想說什麼是無法控制的，但是，你一定可以控制要跟自己說什麼。懂得捍衛自己的內心世界，才可以用最真實、最喜歡的姿態活在這個世界裡。

別總是羨慕別人，而處處限制了自己；更別因計較，而失去計畫更好人生的機會。**凡事都想計較，只會讓你覺得凡事都有缺憾，不斷放大自己所缺少的，也就更容易忽略自己所擁有的。**

每個人的一輩子都很珍貴，都該好好珍惜，誰都不必跟誰證明自己比對方好，不用去計較誰住得房子大，誰開得車子新，誰領得薪水多，誰過得比較快樂，自己覺得過得好才是真的好。把心思重新拉回到自己身上，不再用別人的標準計算自己缺少什麼，也不用計較誰的幸福才是幸福，好好享受日常生活，才能用今天的快樂，預約未來的美好。

朋友，新的會來，舊的也不會真的離去

艾・語錄

別在快樂時就忘了一起哭過的人，
也別在成功時就忽略一起苦過的人。
雖然有些人只想跟狀態好的你在一起，
但我們更該珍惜的是，
在自己低潮時仍陪在身邊的人。

朋友，不必多，
那些在自己好與不好時，
都願意陪在身邊的就夠了。

友情是除了親情與愛情外，最耐人尋味的感情了。誤解、吵架、擔心、期待、生氣，這些發生在親情與愛情裡的點滴，同樣也會在友情裡出現。假如只是因職場需求而建立起的同事情感，產生誤會時還能夠從自我的角度，去衡量該如何割捨或繼續友好。但若是在私生活中交往的朋友，往往因為投入深刻的感情，反而承受不起誤會的打擊，一次的誤解就可能變成不諒解，導致雙方陷入走不出來的情緒，最後還可能分離。

因為在乎，跟對方的生命有更深一層的交集，所以才會把對方看成重要的人。漸漸的，朋友開始變得像家人，結果對待彼此的方式與回應也開始像家人。噓寒問暖的次數減少了，在乎對方關不關心自己的次數變多了。

只是朋友畢竟不是家人，家人可以提供無限的包容力，但在朋友之間並不存在無止境的討好。世上本來就沒有所謂的永遠，誰都不能保證會一直待在另一個人身邊，就算是血緣不可分割的親人，某天也可能會離開自己，何況是原本兩個陌生的人。如果從這個角度去看待每一段友誼，就會知道能夠偶爾見面已值得珍惜。

很多人應該一樣，從畢業踏進社會後，與學生時期朋友碰面的時間愈來愈少，較常是從一位朋友口中探取另一位朋友的消息。社會就像是一條川流，以忙碌之名不知不覺沖淡掉某些人的存在，直到哪天想起通訊錄還存有某個人的暱稱，想要撥號卻產生猶豫，那時才察覺生命中或許又多了一個過客。

回想起來，學生時一群人有說有笑，今天談夢想，明天喊對方神經；一起哭、一起瘋、一起熬夜、一起趕報告，雖然沒說，但彼此認定對方就是一輩子的朋友。

上班後，身邊的一群人漸漸變成只有幾個人，今天要面對現實給的煩惱，明天又繼續為相同的雜事感到無力。於是，一個月就這樣過去了；接著，一年也就悄悄而過，朋友間聯絡的次數愈變愈少。雖沒說破，但有些人早已變成不熟悉的名字埋在通訊錄裡。

其實，人生不管在哪個階段，都會有過客，也會有知心朋友，我們能做的是用心經營當下每一段友情，把結識過程收好放在心底，有天真的需要離別，將來回憶時都是生命中的美好點滴。

這輩子，許多人會與我們擦肩而過，能夠從陌生人變朋友，回顧那段際遇都會覺得是種巧合。起初各自從不同的遠方而來，某種因緣際會而漸漸靠近彼此，然後相遇，此時大部分人只會暫時在自己的生命中停留，隨即交錯繼續走各自的路，少部分人才有機遇成為朋友，接著一同結伴走下去。

然而不是彼此一起走得夠久了，將來就不會再遇到岔路，有時朋友會進入不同的人生階段，可能是結婚生子，或是搬遷到新的環境，彼此生活中發生的大小事漸漸不同，聊天能產生的共鳴也就慢慢變少，直到某天發現對方在網路上分享的生活照，似乎跟自己回憶中熟悉的人不同了，那時才會感嘆自己無法參與對方的每一個新生活。

離別最難的，並不是相信往後真的會保持聯絡，而是接受彼此之間的距離已經存在，接下來分開只是早晚的事情。然而，**離別也不代表永別，有天也許雙方都會以更好的自己再度相遇，那時的關係肯定充滿更多樂趣，可以互相分享在後來生活中嘗到的酸甜苦辣，笑著跟對方說其實你一點也沒變。**即使雙方最後又要在生活裡各走各路，也都能帶著祝福的心跟對方道別，期待之後再相遇的可能。

友情，就是如此耐人尋味，所以才值得一再回味。我想，天下沒有不散的筵席，但也沒有絕對終結的友情，彼此只是暫時用熟悉的樣子，活在一起編織出的美好回憶裡。

朋友，有些人會陪著走，有些人則無法留，
但那美好回憶，時間永遠帶不走。

懂你的人，不用多說；不懂你的，多說無益

艾・語錄

在成人的世界裡，
並不是每句話對方都想聽，
也不是每個善意都會被接受。
說出來，卻也戳破了，
有些人還會因此跟你翻臉。

學會看透卻不說透，
並非選擇不出聲，
而是把話留在心裡，
把事實，留給時間。

沉默，有時會被視為沒有主見、不敢表達的行為，是一種會給現場帶來壓力的「聲音」。可是，當我們聽到一個人的言論跟事實似乎不同，但又知道不適合當面戳破時，沉默反而是種善解人意的作法。

當然了，不是表現的善良，你的世界就能風平浪靜，但至少你的內心會比戳破某人後更加平靜。雖然面子只是種表象，但每個人都有自己的立場要維護，當著旁人的面指出某人的錯誤，或是拆穿他人的謊言，不見得會讓事情往更好的方向發展。

世界上的人那麼多，本來就會遇到表裡不一的人，他們一邊趁別人不在時說出傷人的話，接著又假裝好意的跑去關心對方。然而，並不是瞞過別人一、兩次，這世界真的就會照他們想要的方式運轉，被中傷的人沒做出反擊，也只是希望大家和平共處，或是想靠努力證明自己而已，並非每個人都想跳下去比誰更會陷害誰。沒有人出面阻止，也不代表所有的人都被蒙在鼓裡。

聽到不實的言論，不需要拿起泥巴互砸，對傷人的行爲視而不見，不表示被中傷的人不敢面對，而是知道，終究每個人都要對自己的行爲負責，當到遲早會來的人生教訓。

有時，我們會急著想要解釋什麼，是因為重視自己在別人心中的樣子，深怕一個不留意，自己的人際關係產生麻煩，成為人群中指指點點的對象。然而，真正懂你在做什麼、看得見你努力用心的人，通常也是自己很努力用心的人，所以才能夠從理解的角度來看你。至於喜歡從流言蜚語中認識你的人，正是花太多時間在別人身上，才沒有用心管好自己，自然不會懂你。況且，多數時候一個人會不斷找你麻煩，往往是你身上有那個人一直得不到的東西。他沒辦法放下，就只好把你拉下來。

與人相處，好話多說絕對不會把事情搞砸。一方面能夠促進雙方交心，同時又讓兩邊都得到快樂，只要是以誠懇為出發點，注意到對方做了什麼好事就讓他知道，你的一句話將會使被讚美的人開心一整天，自己也可以練習聚焦在好的事物上。

若是想提出建議，特別是帶點批評的時候，就要在思考過後才說，說之前更要確定對方是認同你想法的人，知道你是真的在關心他。畢竟，**相信你的人，你說的話都當作提醒；不信你的人，你說的話都會先懷疑**。一個覺得別人都對不起他的人，也很可能是從未好好對待自己，即使你出於好意也可能被認為是在攻擊，所以提出建言時請務必小心。

至於不關自己的事，那最好閉緊嘴巴。適時保持沉默跟不肯發聲是完全不同的事，有話直說跟講話白目也是完全不同。少有人會希望自己的缺點被公開談論，你也不知道何時會踩到別人的要害，並非每個人的理智線都夠粗，足以冷靜接受別人的建議。在不確定雙方是否真的理解彼此立場前，把可能被解讀為否定對方的話吞下去，絕對比被人誤解你在傷害對方來得好。

在這世上，懂你的人，你所作的任何事都是出於好意；討厭你的人，就算你不出聲都覺得是不懷好意。適時選擇沉默，並非代表你不願發聲，而是知道有些事只有在乎的人才懂；也只有在乎的人，才會認真看待你的初心。

維持人際關係是需要的，但圓融的人際關係不等於要讓每個人都喜歡你。要做到人見人愛會很累，到最後不愛你的人反而是自己。眼前，一定有更重要的人需要你在乎，把時間花在他們身上你也比較快樂。畢竟，知心的朋友真的不用多，懂你的人就算很少，也很足夠。

別因為他人的一句話，就被奪走一天的好心情

艾・語錄

別因為批評你的一句話就難過一整天，
否則人生大半輩子，
很可能要在煩惱中度過。

在我的認知中，要與人相處得好並不難，難是難在一群人相處起來還很融洽，彼此之間都能以互相尊重為出發點。畢竟，每個人的想法都有些微不同，同一句話被傳到十個人的耳朵裡，可能出現十一種不同的解讀。同一句話被用不同的方式說出來，聽者心裡的感受也可能天差地遠。

也許是不小心，也可能是很刻意，周圍多少有些人就特別愛用嘲諷的方式跟人講話，或總是搶著在別人把話說完之後，補上一句「那才沒什麼」。或許他們覺得講這些話無傷大雅，甚至傷到人還會私底下說是對方太脆弱，但這些也可能是他們不想被人比下去的逞強，是用來遮蔽自嘆不如的偽裝。有趣的是，其中有些人會把自己視作團體的核心，喜歡主導發言權，可是只要他們一出現，現場的聊天熱度就會降到冰點。

然而，不論那些人說的話有多難聽、荒謬，你都不需要對他們生氣，更不應該跟自己生悶氣。別人說什麼不重要，你把什麼聽進心裡才重要。就算影射的事情剛好是你非常在乎的事，你也有能力用自己的聲音蓋過它們。很多時候，**我們會因爲別人的一句話而難過很久，卻也忘了只需要自己的一句話，就可以重新快樂起來**。太在乎別人聲音的結果，往往是讓自己忙於解釋，而沒有好好經營自己的人生。

的確，心智再怎麼堅強，還是可能因為別人的一句話而失去好幾晚睡眠，或是聽見難過的話而停止不敢往前。但是，**與其去在乎那些話有多傷人，你更該關心的是那些難聽的話，是否值得在心中不斷回放。**

人生就是這樣，你想走的路，你想過的生活，可能也是別人想了好久的世界。然後，你願意排除萬難往前進了；然後，你的存在也就變成某人的難堪。

其實，我們從來不需為了迎合某人而停下腳步，畢竟這世界的聲音多到想聽也聽不盡。持續相信自己永遠是困難的事，只不過就算這世界變得再怎麼複雜，單純的相信自己，你才會有力氣相信這個世界。

記得，我們都要努力成為自己也喜歡的人，因為這是最肯定能帶來快樂的事。若因為他人的批評而失去原來的你，你也因此讓它占去心中有限的位置，導致裝不下更多好的事物。

一句話能產生多大的影響，其實很少是由說話的那方決定，大多是來自聽見的一方。之所以那麼容易受影響，除了不甘心付出的努力被別人扭曲，也可能是因為花太多時間去在乎別人怎麼想，卻忘了你也需要時間在乎自己如何想。當你愈清楚自己是在為了什麼努力，你就愈能對那些人的閒言或批評感到絕緣，到後來會發現，別人再怎麼喋喋不休，也抵不過你用一句話來扭轉自己的心情。

別因為其他人的一句話，就輕易奪走你的一天，那樣只會提供更多的養分給他們打擊你，還有那些像你一樣認真的人。你不需要阻止他們的行為，但你可以阻止自己被他們影響。總有一天，當你經歷了百般嘲諷還能不為所動，可以頭也不回繼續往前行動，那些人就會清楚知道，原來他們心中自以為是的樂趣，只不過是你人生中瞬逝的點滴，正在讓你變得強大。

只有你能決定自己的內心有多平靜

艾・語錄

你整天開心的笑，有人會說你過太爽；
你不常笑，有人會說你很難親近；
你說話坦白，有人會埋怨你不給面子；
你保留想法，有人會說你沒有主見。

這世界的樣貌即是如此，
無論你成為什麼樣的人，
都會有人希望你不要變成那樣。
活得自在並非不接受別人的想法，
但至少不要照著別人的評斷去活。
別忘了，那些人下的評斷跟你無關，
正在決定自己未來的人，永遠是你。

難免，在工作與生活中會遇到專門唱反調的人，你建議往東好，他偏要說往西才對，大家提出新的看法，他偏要挑釁說你想得不夠周到，一切的一切，看起來就是不對盤。如果對方只是人生中一時的過客，算了忍一忍就過去，偏偏某些人是每天都遇得到，或是生命中暫時無法分開的人。

運氣好點，那些人只是純粹表達自己的想法，是屬於就事論事型，雙方火藥味只要不重，都可以算是理性交換意見。可是某些人的身上總是散發滿滿的敵意，別人有新想法他一律從壞的角度先質疑，旁人的建言都認為是不切實際。這類型的人往往心中缺乏安全感，才會用否定加懷疑攻擊的手段，提防別人搶走他僅有的東西。

遇到這樣的人，情緒別跟著激動，你並不需要跟他爭論什麼。一般來說，當彼此的觀點有出入，在還沒有徹底了解對方想法之前，雙方堅守自己的看法並無不妥。只不過，遇到擺明不友善、不講理的人還處處為對方著想，覺得要來個以德報怨、展現大氣，那可是會讓自己受傷了，因為你的體貼反而會激起對方更大的跋扈，進一步想吃死你。不爭執，絕對不是你在示弱而選擇退讓，而是稍微與對方保持點距離，給自己更多空間從容的過日子。

雖然聽到惡意的批評，心情上肯定會受影響，但如果你就此陷下去，也等於賠掉自己好好過生活的權利。未來還有很多美好的事物在等著，我們實在沒有多餘的時間去煩惱跟自己人生無關的事，若將時間用在跟這樣的人對抗豈不是太浪費。就算他們的行為實在讓人看不下去，**與其選擇不放過，倒不如選擇先放下。放下了，你才能把力氣花在有幫助的地方，把專注力重新拉回到正確的方向。**

我能體會，正是因為你如此努力過生活，所以看到那些討人厭的事情才會想生氣。然而在爭出勝負之前，或許先停下來想想，對方激怒人的話是否真的該在意？那樣的人是否真的要在乎？理性溝通是你付出的好意，但面對講不通的人就不要繼續在意，收回那份心，讓自己平靜才是。

在這個開放卻又擁擠的世代，每個人都可以自由發表意見，因此，心懷不軌的批評也會跟著變多，無人可以置身事外。唯一的方法，就是你選擇讓自己的內心與那些話隔離，即使外面的世界再怎麼混亂，你也有能力讓內在世界不被打擾。那些難聽的話，那些惡劣的作為，那些討厭的質疑，只要沒經過你的同意，都無法傳到你的心裡。

人生總有些時候，遇到壞事心情很難過得去，但別讓那些事情造成你生活過不下去。時間經過愈久，壞事被日常稀釋掉的程度就會愈高，現在過度的在乎都是種徒勞。

因為是生活，心情覺得煩惱、不順、倒楣很正常，面對現實，偶爾挨個幾拳也無妨，但應該是為了值得的事情，為了重要的將來，為了身旁重要的人，而不是為了只想跟你作對的人。想把時間花在搞懂別人為何處處否定你，再怎麼花心思也很難找到答案，就算找到了，那些人還是會編出新的理由，繼續攔截原本屬於你的美好。

請把你的力量留在值得用盡的地方，而不是跟只想消耗你的人爭論，因為不論輸贏，你都會被搞得烏煙瘴氣，黑到可能連鏡中的你也認不出來，事後拚命刷洗還弄痛了自己。畢竟，對方的世界，從來就不是你想要的世界，你用跟他們一樣的方式回擊，只會讓更多的壞情緒包圍你的心。

永遠記得，**不要讓那些人的想法左右你的做法，不要讓他們的指指點點，眞的成爲你的痛點。生命中最好的導遊，絕對不是別人的建議，而是你自己的聲音。**

當你發現成果總跟預期不相符時，
請抬頭看看，是不是一開始你就是為了別人的期待在努力。

當你總是覺得生活不如意時，
請抬頭看看，是不是前方的路你原本就不喜歡。

迎接未來的好事

國家圖書館出版品預行編目資料

別讓現在的壞事，趕走未來的好事／艾爾文 著.
-- 初版. -- 臺北市：方智，2017.04
256面；14.8×20.8公分. --（生涯智庫；149）
ISBN 978-986-175-456-7（平裝）

1.人生哲學 2.生活指導

191.9 106001891

The Eurasian Publishing Group
圓神出版事業機構
用心與你對話．視野無限寬廣
方智出版社
Fine Press

www.booklife.com.tw reader@mail.eurasian.com.tw

生涯智庫 149

別讓現在的壞事，趕走未來的好事

作　　者／艾爾文
發 行 人／簡志忠
出 版 者／方智出版社股份有限公司
地　　址／台北市南京東路四段50號6樓之1
電　　話／（02）2579-6600．2579-8800．2570-3939
傳　　真／（02）2579-0338．2577-3220．2570-3636
總 編 輯／陳秋月
資深主編／賴良珠
專案企畫／沈蕙婷
責任編輯／鍾瑩貞
校　　對／鍾瑩貞．賴良珠
美術編輯／林雅錚
行銷企畫／陳姵蒨．詹怡慧
印務統籌／劉鳳剛．高榮祥
監　　印／高榮祥
排　　版／陳采淇
經 銷 商／叩應股份有限公司
郵撥帳號／18707239
法律顧問／圓神出版事業機構法律顧問　蕭雄淋律師
印　　刷／國碩印前科技股份有限公司

2017年4月　初版
2024年8月　77刷

定價330元　ISBN 978-986-175-456-7